わかってほしい！気になる子

自閉症・ADHDなどと向き合う保育

田中康雄●監修

Gakken

はじめに

保育現場が今、あつい！

本書は、今の子どもたちや保護者へ向けるまなざしについて、ある保育園の実践を中心にまとめたものです。

この保育園は、あつい！　子どもたちや保護者に対して、できるだけ課題を持って取り組み、成果を上げようと努力しています。その姿勢は、やさしく粘り強く、あきらめずほうっておかない、というものです。

取り組むまなざしは、一見、軽度発達障がいのある子どもたちに向けているように思われるかもしれませんが、読み進んでいくうちに、どの子どもに対しても必要な心構えであるという信念が伝わってくると思います。

子どもたちはひとりとして同じことはない、と言いながら、実はどの子どもに対しても、同じ思いが隠れています。それは、「どの子どもも、かけがえのないたいせつな存在」という信念です。

わたしたちは、たいせつな思いを形にするために、ていねいに仮説を立てます。「この子どもにはどんな障がいがあるのだろう？」ではなく、「この子どもはどんな思いで生きているのだろう」「ほんとうは何を伝えたいのだろう」「届きにくい思いをどう受け止めればよいのだろう」……見えにくい思いを行動観察と心のしくみから読み解こうとしています。

子どもたちや保護者への取り組みは、決して簡単に見つかるものではなく、仮説が失敗に終わることもあります。でも、くじけずに前進していきたいと思っています。そんな活力にあふれた本を作りたいと思いました。

では、本書の説明を簡単にしておきます。今回は、発達障がいの中でも自閉症やADHDなどの「軽度発達障がい」に焦点をあてています。表題にある「わかってほしい！」とは、「軽度発達障がい」をわかってほしいということだけではなく、「誤解されやすい状況の中で、生きにくさを感じている」ことをわかってほしいということです。さらに「気になる子」には、「ちゃんと気にしてほしい子ども」という願いがあります。

この思いを6章に振り分けました。第1章は、ちゃんと気にしてほしい子どもの説明です。そして、基本的な発達のアンバランスさについては理解しておいてほしいということで、第2章に若干専門的な基礎情報を記しました。ここでも、障がいを理解するのではなく、その子ども自身を見ることのたいせつさを強調しています。第3、4章は、実際の取り組みの一部をQ&Aにしました。

ただし、質量ともに十分ではありません。さまざまな角度でご指摘ください。第5章では、ある保育園の取り組みの実際について紹介しています。第6章は、園の外にも目を向けて、連携を広げていこうという提案です。

すべての章を読み通すことで、子どもたちの言動をくみ取り、保護者の思いに近づき、さまざまな視点で取り組めるようなアイディアを伝えたいと思います。

まだまだ未成熟な本ではあります。また、本の情報は活字になった時点で、すでに過去のものになってしまいます。

本書をとおして、子どもや保護者と同じく、わたしたちも成長していきたいと思っています。

より深い理解を得るために、お気づきの点はお教えください。鮮度を保つためにも、多くの皆さまのご意見、ご感想をいただければと思います。

平成16年6月　田中康雄

もくじ

はじめに…2

第1章 プロローグ

●「気になる子」のとらえかた…10

第2章 軽度発達障がいの基礎知識

●誤解されやすい「軽度発達障がい」…16
●軽度発達障がいを知ろう…22
注意欠陥多動性障がい・ADHD…22
広汎性発達障がい・PDD…27
自閉症…28
アスペルガー症候群…33
コラム 社会的相互交渉のタイプ…38
学習障がい・LD…40
発達性協調運動障がい・DCD…42
軽度の知的障がい…43
〈資料〉診断基準―ADHD…44 自閉症…46 アスペルガー症候群…48
症状と対応図―ADHD…50 自閉症…51
●医療の現場から 軽度発達障がいの診断、対応の難しさ…52
〈資料〉軽度発達障がいの参考書籍紹介…60

第3章

クラスにいる「気になる子」のサポート

CASE 1 流れの切り替えでパニックを起こす…64
CASE 2 予定が変わるとパニックを起こす…66
コラム パニックの理解と対応…68
CASE 3 集団活動をいやがり、参加できない…72
コラム セルフエスティームを高めるために…74
CASE 4 クラスの集会中、じっとしていられない…78
コラム 多動な子どもたちの理解…80
CASE 5 すぐに気が散って集中できない…82
CASE 6 すぐに保育室から出て行ってしまう…84
CASE 7 気になる特定の友だちに危害を加えてしまう…86
CASE 8 すぐにカッとして、周りの人に危害を加える…88
コラム 子どもの攻撃性とそのかかわり…90
CASE 9 同年齢の子どもたちとうまくあそべない…92
CASE 10 友だちとまったくかかわらない…94
CASE 11 一番じゃないと気がすまない…96
CASE 12 ルールが理解できない…98
コラム ソーシャルスキルとは…100
CASE 13 あそびかたや興味に偏りがある…104
コラム 自閉症のある子のこだわり…106
CASE 14 体のコントロールがうまくできない…108
コラム 感覚統合療法とは…110
CASE 15 疲れていても眠れない…114
CASE 16 五感が非常に敏感でこだわりがある…116
コラム 感覚過敏にどうかかわるか…118

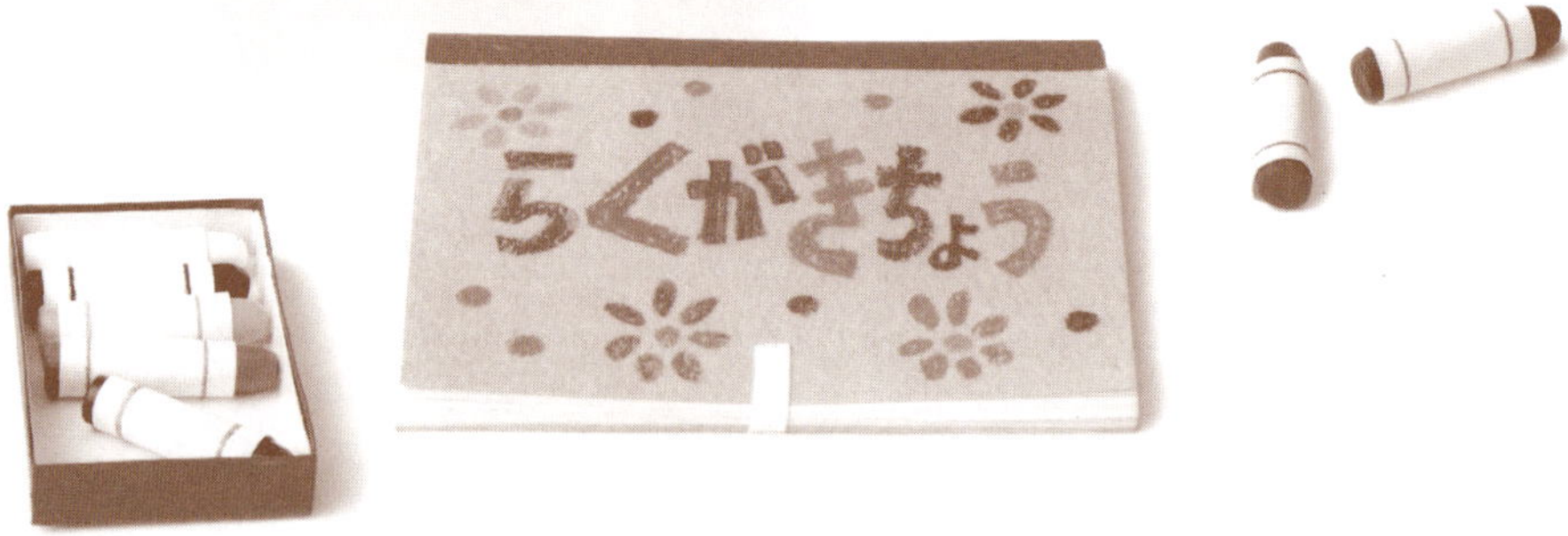

●1年の保育の流れで気を付けたいポイント…120
●クラスの子どもたちの理解を得るには…132
●保育者どうしの連携…138
コラム 療育のようすを見学しよう…142

第4章 保護者のサポート

CASE 1 障がいの可能性をかたくなに否定…144
コラム 障がいを受け止めるということ（障がい受容）…146
CASE 2 悪いところばかりに注目してしかっている…150
CASE 3 発達のようすに気づいていないように見える…152
CASE 4 園からの働きかけに反応が乏しい…154
CASE 5 過度な課題を与えようとする…156
CASE 6 医師の言うことしか信じない…158
CASE 7 虐待が疑われる…160
コラム 「不適切な養育」を防ぐために…162
CASE 8 子どもの将来に希望が持てない…164
CASE 9 家族の理解が得られない…166
CASE 10 弟のほうばかりに愛情を注いでいる…168
●保護者と作るサポート態勢…170
●クラスの保護者の理解を得るには…178
コラム バリアフリーの精神を伝えるために…186

第5章 これからの保育のカタチ ーわかくさ保育園の実践ー

●リソース・システム実現までの道のり…188
●リソース・システムの実際…197
●リソースルームの見取り図…202
●リソースのある一日…204
●リソースのカリキュラム…210
●保護者より　リソースルームを利用して……216

第6章 園の外にもネットワークを

●保育者から広げるネットワーク…222
●こんなときどうしたらいい?　園の外へのアプローチQ&A…225
〈資料〉支援団体・相談機関の紹介…228

あとがき…233

第1章

プロローグ

あなたの園に「気になる子」はいますか?
それはどんな子どもですか?
保育者として、気になる子どもたちをどうとらえ、
理解し、支援したらよいのか……。
園現場からのメッセージです。

執筆●影山竜子(わかくさ保育園)

「気になる子」のとらえかた

「どのように向き合ったらよいかわからない」

——クラスにいる「気になる子」を、保育者はどう受け止めていけばよいか、子どもたちには何が必要なのかを考えてみましょう。

「気になる子」って？

Aちゃんは、自分の思いどおりにならないとひっくり返って大騒ぎをします。

Bくんは、すぐにカッとしてお友だちに暴力をふるいます。

Cちゃんは、クラスでの集団活動には参加しようとせず、自分勝手な行動をします。

Dくんは、ボーっとしていて、こちらの言っていることが理解できているのか心配です。

Eちゃんは、いつも同じあそびを、たったひとりで繰り返し行うのが好きです。

Fくんは、恐竜のことならなんでも話せるのに、ほかの話題となると少しもかみ合いません。

10数年前にもこのような子どもたちがいなかったわけではないけれど、ここ数年ずいぶん多くなったような気がしませんか？　必ず1クラスに数名は、「ちょっと気になる子ども」がいて、今までの保育のやりかたではどうもうまくいかない……。一生懸命になればなるほど、子どもも自分も疲れ果ててクラス全体が楽しい時間を過ごせなくなってしまう。保護者との関係もぎくしゃくしてうまくいかない。そんな思いに駆られている保育者が少なくないはずです。

あなたもそんな悩みを持ってこの本を手にされたのでしょうか。

あなたは、さっき挙げた子どもたちについてどんなふうに感じていますか？

クラスの問題児。
あの子が休んでくれると助かる。
腹が立つ。
何とかしたい。
理解ができない。
わがまま。
親のしつけがなっていないせい？
保育者の力量不足のせい？
どうしたらよいのか途方に暮れている。

いろいろな思いがわいてきますね。
でも、もう少し冷静に、客観的に、彼らについて考えてみてはどうでしょうか。そうすると、何かが見えてきます。すべての子どもたちの未来のために、わたしたち保育者は何を考えて、どう行動したらよいのかが、わかってきます。

ひとりひとりをたいせつに

『世界に一つだけの花』という歌の歌詞にもあるように、みんなひとつひとつ違う種・尊い生命を持って生きています。小さな種から、世界にひとつだけの美しい花を咲かせるためには、大量生産では不可能ですし、ほうっておいてもいけません。それぞれの種に合った、土の状態、肥料、採光、水やりを考えなくてはなりません。そのためには、それぞれの種の状態、性質をよく知らなければ育てることはできません。

保育も同じです。同じ子どもはひとりとしていません。みんな違う個性を持ち、それぞれの感じかたがあり、それぞれ違う可能性を持っています。それぞれみな違う環境のもと、必死に生きています。でも共通することは、どの子どもも「尊い生命」であるということと、「個別的な配慮を必要としている」ということです。

さまざまな背景から、子どもたちは「気になる子」として大人の目に映ります。その背景には、軽度発達障がい、虐待、生活リズムの乱れ、テレビやゲームの影響、保護者の養育姿勢……などが考えられます。決して単一なものではありません。背景はさまざまですが、子どもに見られる行動パターンはとてもよく似ています。いずれにしても早期に最善の対応によって支援することで、その子どもなりの成長・発達を見ることができます。就学前にしっかりとその可能性を見いだすことが、わたしたち保育者の専門性と責任であろうと思います。

「気になる子」は決して問題児ではありません。理解と支援を必要としている子どもにすぎないのです。

『保育所保育指針』も、改訂後「ひとりひとり」への配慮を重要視するような内容になりました。今までの保育をもう一度見直す必要があります。指針が求めている「ひとりひとりをたいせつにする保育」を実践するには、今までの方法では限界があります。また、保育者の専門性を今まで以上に自覚する必要があります。

この本でお知らせしたいことは、「特別な子どものための保育の方法」ではありません。「ひとりひとりに合った、すべての子どもに対応する専門性のある保育の方法」です。保育者であれば実践可能な保育の方法です。

現場の保育者だからこそできることは、たくさんあります。いろいろな子どもと出会えるからこそ、わたしたちの専門性も磨かれるのだと思うのです。

第2章

軽度発達障がいの基礎知識

まずはこの本で取り上げる軽度発達障がいについて、しっかりと理解を深めましょう。なかなか知ることのできない医療現場からのメッセージも含め、わかりにくい軽度発達障がいの基礎を学びます。

指導・執筆●田中康雄（北海道大学大学院教授　児童精神科医）

※「軽度発達障がい」ということばの使用については、その意味する範囲が明確でないことなどから、2007年3月に文部科学省により、原則として使用しないと告知されました。しかし、現場では現在もこのことばが身近であることから、本書では引き続き使用いたします。

誤解されやすい「軽度発達障がい」

まずは、この本で取り上げる軽度発達障がいについて、基本的な事がらを解説します。軽度であるがゆえの難しさ、その親子が置かれる状況の厳しさを十分理解してください。

軽度発達障がいって何?

「軽度発達障がい」は、2000年に杉山登志郎氏が「(高機能)広汎性発達障がい」、「注意欠陥多動性障がい(ADHD)」、「学習障がい(LD)」、「発達性協調運動障がい」、「軽度・境界域の知的障がい」の5つの障がいの総称としてとらえました。

この「軽度発達障がい」ということばは、正式には医学用語ではありません。医療介護度の高い重症心身障がいに対比して、機能的な障がい(脳機能の障がい)が軽い発達障がいの総称として使用されています。ただ、機能的な障がいが軽度であるからといって、その障がいのある人たちが、重度の障がいのある人たちと比較して、「生きにくさ」も軽いかというと、決してそんなことはありません。軽度は軽度ゆえのたいへんさというものがありますし、もちろん重度には重度のたいへんさがあります。つまり、障がいのある子どもやその保護者が持つ苦しみを、軽度・重度と分けているのではないということを、念頭に置いてほしいのです。そして、機能障がいの度合いに左右されず、障がいのある人たちすべてに、ほかの人たちと同じ人権が認められ、その家族においても十分な支援策が整備・体系化されることが望まれます。

さらに忘れてならないのは、軽度発達障がいの基本は脳の問題、中枢神経系の問題だということ。つまり、子どもたちは、わざと「気になる」言動を起こすのではなく、脳がそのように命令しているのだということです。しかし、その症状は理解されにくく、社会的認識がまだ不十分であるために、軽度発達障がいのある子とその保護者はさまざまな誤解を受け、非難を浴び、自責の念にかられている、そういうつらい状況に置かれているということを、まず理解してください。

軽度発達障がいの5つの特徴

杉山氏は、「軽度発達障がい」の特徴として、次の4つを挙げています。①健常児との連続性の中に存在し、加齢、発達、教育的介入により臨床像が著しく変化し、②視点の異なりから診断が相違してしまい、③理解不足による介入の誤りが生じやすく、④二次的情緒・行動障がいの問題が生まれやすい。わたしはさらに⑤として、それぞれの障がいが微妙に重なり合うことがある、ということを加えたいと思います。

では、それぞれについて簡単に説明しましょう。

①健常児との連続性の中に存在し、加齢、発達、教育的介入により臨床像が著しく変化する

軽度発達障がいというのは、下の図にあるように5つの世界が微妙に重なり合っていて、なおかつ、こういった問題がある子どもと、ない子どもとの線引きは専門家でも困難だといわれています。軽度発達障がいの特性がほとんど見られない子どもから顕著に見られる子どもまで、すべての子どもたちが連続性の中に存在すると考えてもよいくらいなのです。

●軽度発達障がい・5つの世界の重なり

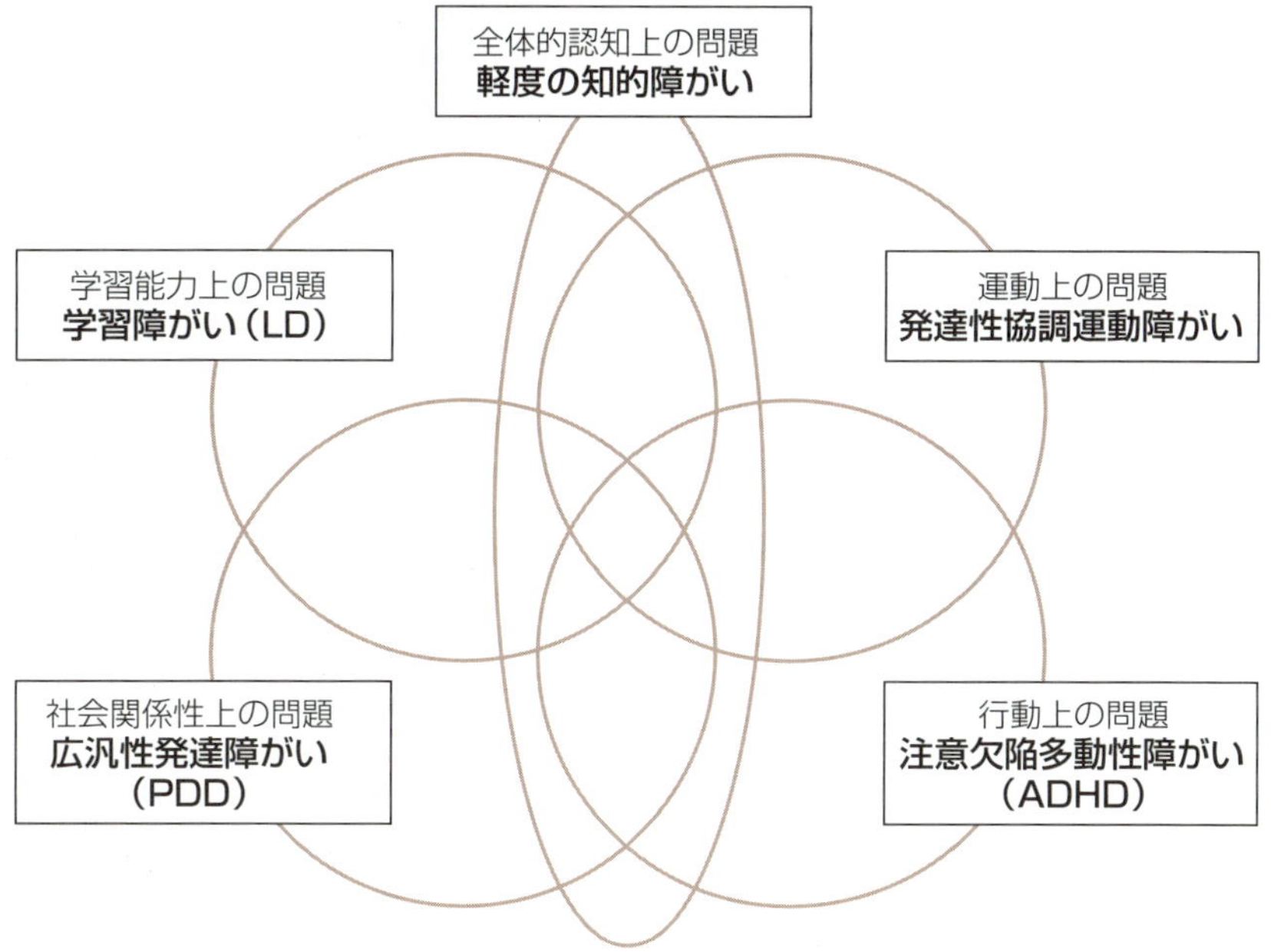

そして、その子の発育、年齢、保育や教育的な介入によって、そのようす（臨床像）は著しく変わります。1年前と今とでは、子どもにある診断が変わることもあります。

②視点の異なりから診断が相違してしまう

診る人、また、その診かたによって、診断が変わることがあり、病院が変わるだけで診断名が変わることもあります。これは、医師の世界でも、判断にブレがあるということで、軽度発達障がいのわかりにくさ・診断の難しさを物語っている部分でもあります。

診断は主に子どもの行動観察によって行いますが、初めて来る診察室で、子どもがいつもと同じ姿を見せてくれるとは限りません。そのあたりが、診断の相違に影響する場合もあります。

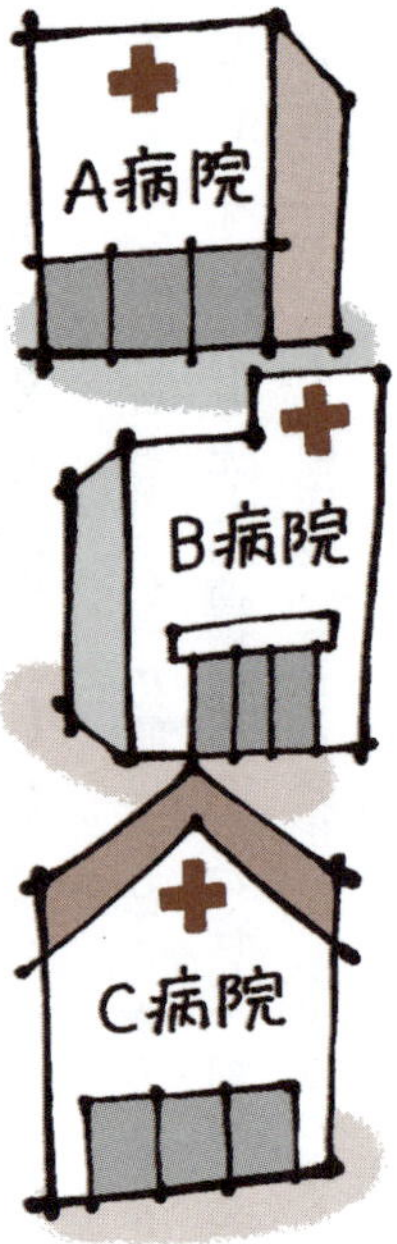

③理解不足による介入の誤りが生じやすい

保護者は、わが子に対して「なんとなく違う」という違和感を抱きながらも、確認を避ける気持ちもあってか関係者に相談しにくく、仮に相談をしても周囲からの適切な理解と支援が得にくい状況にあります。

また、理解しがたく、「育てにくい子ども」であるため、時に親子が不適切な養育状況へと追い詰められることもあります。

さらに、軽度発達障がいのある子どもたちの言動は、「しつけの問題」「情緒的に不安定」「性格のせい」などと誤解されてしまうことが少なくありません。保護者は「もっと厳しくしつけて」「子どもへの愛情が足りない」「ぎゅっと抱きしめてあげて」などと言われたりもします。そして、アドバイスに従って実践はしてみるものの、なかなか根本的な問題は改善せず、ますます追い詰められてしまう親子もいます。

④二次的情緒・行動障がいの問題が生まれやすい

周囲からの理解を得にくい障がいのため、子どもの言動が非難や叱責の対象になりがちです。正しく理解されないまま成長していくと、「ぼく（わたし）はダメな人間」と思いがちになり自己評価、自尊心が低下してしまいます。そして、こうしたマイナス評価の積み重ねによって、さまざまな二次的情緒・行動障がいが生じやすくなります。代表的なのは、抑うつ、孤立感、劣等感で、さらに不登校、ひきこもり、いじめといった問題に発展する心配があります。

⑤それぞれの障がいが微妙に重なり合うことがある

診断が重なるときには、より深刻なほうが優先されることもあり、診断名はひとりに1つしかつけられない場合があります。しかし、①で述べたとおり、軽度発達障がいは5つの世界が微妙に重なり合っています。ひとりの子どもに障がいが確実に1つということでなく、発達性協調運動障がいと広汎性発達障がい、あるいは広汎性発達障がいとADHDというように、ひとりの子どもに2～3つの症状が認められる場合もありえるでしょう。そしてその状態が成長とともに変化していき、以前目だって見えていた症状が見られなくなり、しだいに別の症状が色濃く見えてくるということもあるのです。

日本では、どうとらえられているのか

軽度発達障がいは、認められにくく、誤解されやすい障がいです。そして、日本における、軽度発達障がいへの認識は、まだまだ不十分というのが現状です。

例えば、その障がい名がついただけで、「あの子が入学するなら、うちの子はその学校に入れません」というような署名活動が行われた地域もあります。またある地域の親の会では、「軽度発達障がいの診断名がつくと、この地域から出なくてはならない」という話も聞きます。そのくらい軽度発達障がいという世界は、いまだ忌み嫌われる世界、タブーになっているところもあるのです。もちろん、その一方で、「まったくそんなことは関係ない。みんなで卒業までやっていこう」という地域もありますが、まだまだ社会的認識は不十分と言ってよいのではないでしょうか。

以前にわれわれの児童外来を訪れる子どもたちについて、受診までの経緯を調査したところ、診察に訪れた軽度発達障がいのある子どもたちの約4割が、専門機関等からの指摘・紹介をされず、保護者の自主的判断で受診していたことがわかりました。この割合を、保育者をはじめ、早期の子どもの発達に関与する専門家たちは、重く受け止めなければいけません。この背景に、子育てのしんどさ、たいへんさについて、だれにも相談できなかった、正しく理解してもらえなかったという保護者の孤立感、絶望感が潜んでいるのではないかと思うと、正しい理解のもと、子育ての支援者としての支えがあるべきだろうと思います。

子どもの精神発達は、ときに停滞しながらも、絶えず進歩しており決して停止することはありません。障がいのある子どもたちが、仮に目覚ましい成長を遂げなくとも、それは精神発達の程度が障がいのない子どもたちと比較して遅いためだけであって、障がいのある子どもたちも、すべての面で確実に発達し続けています。だからこそ、保育・教育的、療育的、医学的な対応と支援が必要なのです。

次からは、軽度発達障がいといわれるそれぞれの障がいについて、その特徴や症状を解説します。保育者の専門性として、軽度発達障がいの知識を深めることは必要です。しかし、障がいについての知識を得たからといって、決して「Aくんは ADHD」「Bちゃんは自閉症」などと、障がい名で子どもたちをひとまとめにして見ることのないようにしてください。「障がい」を知ったうえで、子どもたちひとりひとりを人間的に見るという視点を、決して忘れないでください。

「その子の課題は何か?」というよりも、その子はどのような子か、その子の魅力は何か、何ができるか、を十分に説明できることが、その子どもを支援するうえでたいせつなことになります。子どもの育ちにつきあうことは、それぞれの存在のかけがえのないすばらしさに気づくことです。育てる(治す)——育てられる(治してもらう)という関係ではなく、子どもと大人がともに補い合う関係、育ち合う関係を築いていってほしいと願います。

軽度発達障がいを知ろう

ここでは、本書で取り上げる軽度発達障がいの5つの障がいについて、それぞれの特徴や対応を中心に、「障がいの基礎」を解説します。ただ、ここで挙げた症状やようすが子どもに見られるからといって、すぐに障がいに結び付けないように注意してください。

注意欠陥多動性障がい・ADHD（Attention-Deficit Hyperactivity Disorder）

特徴

注意欠陥多動性障がい（ADHD）は、多動性、注意散漫、衝動性を主症状とした中枢神経系の発達障がいと考えられています。原因はまだ特定されていませんが、現時点では、ドーパミンという「神経伝達物質の異常」、情報処理に重要な働きをする「実行機能の障がい」という説が有力です。刺激に対してワンクッション置くことができず、瞬時に反応してしまうという、ADHDのある子どもたちによく見られるようすも、脳における情報伝達と処理の過程になんらかの問題があるからだといわれています。

報告者や子どもの年齢により異なりますが、学童期の子どもの3～5%に見られるといわれています（アメリカでは5%前後、イギリスでは1%前後とばらつきはある）。男女比は、4～5対1と男児に多く認められますが、女児の場合は発見されにくいからではないかとの意見もあります。臨床の現場でも多動な女児はあまり見られませんが、注意散漫の著しい、あるいは計画的な整理整とんが苦手な女児は少なくありません。また、ADHDは単独で生じるだけでなく、最近はLDやアスペルガー症候群などの傾向をあわせ持った子どもが少なくないというのが実感です。

ADHDの症状は年齢とともに変化します。一般的に多動、不注意といったようすがいちばん目だつのは学童期で、思春期以降はしだいに目だたなくなるともいわれています。ただ、その症状が、周りから非難を受けやすいものであるため、頻繁にしかられたり注意を受けるなどマイナス評価の積み重ねによって、さまざまな「二次的情緒障がい」が生じやすくなります。代表的なのは、抑うつ、孤立感、劣等感で、さらに不登校やいじめなどにつながることもあります。

医療的なアプローチのひとつとして、症状を緩和するために薬物を使用する場合もあります。現在ADHDの治療に最もよく使用されるのは中枢神経刺激薬で、以前使用されていたリタリン®に代わり、コンサータ®という商品名の薬物が使用されています。中枢神経刺激薬は脳の前頭部の機能を活性化させ、注意集中力を改善するといわれています。コンサータ®は、10時間以上効果が持続するため朝1回の服用ですみ、原則6～18歳までのかたに処方されます。使用の検討は、就学後を目安に考えたほうがよいでしょう。使用にあたっては保護者と担当医とがよく相談して、副作用などについても尋ね、慎重に進めていくとよいでしょう。

なお、ADHDのある子どもやその保護者への支援策として専門機関で行われているプログラムには、次のようなものがあります。

・ソーシャルスキルトレーニング（SST）

あそびによって人とかかわる力や自分に自信を付けるトレーニング。ゲームや運動をとおして注意と記憶を喚起しつつ、集団にじょうずに参加するスキルやバランスのよい体の動きなど、協調運動を向上させるための活動。

・ペアレントトレーニング

ADHDのある子どもを育てるうえで、多くの悩みと困難さを抱えている保護者対象の支援策。10人程度のグループで、ADHDの基礎的学習から、子どもへの適切なかかわりを学び、実践するもの。

診断

ＡＤＨＤの基本症状は、年齢不相応に著しく認められる多動性、注意散漫、衝動性の3症状です。これらが7歳未満に6か月以上継続して、（園と家庭など）２か所以上の生活場所で認められる場合に診断として疑います。現時点で、ＡＤＨＤのある子どもたちを客観的に判断できる医学的指標や診断テストは存在しませんが、ＡＤＨＤの行動面に焦点を当てた診断基準として、アメリカの精神医学会の診断基準マニュアル第4版「ＤＳＭ-Ⅳ」による「注意欠陥／多動性障害の診断基準」と、世界保健機関（ＷＨＯ）の国際疾病分類の第10版「ＩＣＤ-10」による「多動性障害の診断基準」が多く用いられています（44～45ページ参照）。

具体的には、年齢にふさわしい育ちとその子どもの発達段階を照らし合わせながら、面接から得る情報と診察室での行動観察、保護者から聞き取る生育歴や関係者からの情報など、時間をかけて総合的に判断し、診断することになっています。ＡＤＨＤの診断は、現在全国各地にある専門病院などで行いますが、生活のくふうなどを詳しく相談できる専門医はまだ少ないのが現状です。

なお、最近、虐待を受けていた子どもがＡＤＨＤと診断されるケースが増えているとの報告があります。これは、虐待を受けた子どもにＡＤＨＤの基本の3症状に似たようすが見られることがあるからだという説もあります。したがって、ＡＤＨＤが疑われる子どもがいた場合、親子関係にも注目してみるなど、気になる場合は、虐待の可能性も視野に入れたうえでの観察も必要になってくるでしょう。ただ、ＡＤＨＤのある子どもとのかかわりは保護者をとても疲れさせ、難しいものです。少しかかわりがうまくいっていないからといってすぐ虐待に結び付けないよう、注意しましょう。

症状と適切な対応

ＡＤＨＤに見られる3つの症状について、特に幼児期に見られがちなようすと、保育者や保護者のかかわりかたのポイントを挙げました。ただ、ＡＤＨＤのある子どもにこれらすべての症状が現れるわけではなく、またその出かたもさまざまです。多動性だけが極端に現れたり、いくつかの症状が同じくらいの割合で出てくるなど、ひとりひとり、そのようすには違いがあります。

《主な症状とよく見られるようす》

●多動性

状況と無関係につねに多動。極端なくらいに活動的

・じっとしていられない
・しゃべりすぎる
・走り回る
・高い所へ登る
など

●注意散漫

注意集中が苦手で一定時間、人の言うことが聞けない

・うわのそらでボーっとしている
・外からの刺激などですぐに気がそれてしまう
・忘れ物や物をなくすことが多い
など

●衝動性

予測、考えなどなしに、直ちに行動を起こしてしまう

・質問が終わる前に答えてしまう
・順番を待てない
・待つことが苦手で結果的に他人を妨害し、じゃまをしてしまうように見られる
など

《かかわりかたのポイント》

●焦らない

つねにひと呼吸おき、おおらかな心で子どもを見つめる。

●視覚に訴える

ことばだけでは伝わりにくいので、絵や写真のカードなどを利用して、視覚に訴えながら伝える。

●見通しが持てるように

予定を急に変更されるとパニックになることもあるため、その日のスケジュールやこれからやることを、絵カードなどで視覚に訴えながら、見通しの持てる伝えかたをくふうする。

●思い出し、気づかせることばかけ

ゲームの前に「お友だちにボールを取られちゃったら、どうする?」と問いかけてルールに気づかせたり、「ボールを使いたいときは、貸してって言おうね」と、正しい行動を伝えるなど、事前に想定される混乱をなるべくなくすくふうを。

●漠然とした表現は避ける

あいまいな表現では理解が困難。「部屋を片づけて」ではなく、「絵本を本棚にしまって」とするなど、より具体的なことばで伝え、できたらすぐその場で褒める。

●刺激を少なく

気が散りやすいので、保育室に仕切りのあるスペースを作り、いろいろなものが目に入らないよう、集中しやすい環境をくふうする。また、保育室内の飾りも、あまり過剰にならないようにする。

●スモールステップで

はさみを使う場合に、「まずは1回切り。それができたら今度は続けて切ってみよう」とするなど、課題を小分けにするとやる気が出る。

●成功体験を増やす

何かができたり、好ましい行動をしたときは、その場ですぐに褒める。「できた」という体験の積み重ねで、自信が付く。

●くどくどと叱責しない

叱責により信頼関係が崩れ、本人は自信を失ってしまうことも。注意が必要な場合は、その場ですぐ、短く具体的に伝える。また、「○○はダメ」ではなく、「△△するともっとうまくいくよ」と励ますようにする。

●褒めるときはみんなの前で、注意するときは個人的に

好ましい行動をしたときには、みんなの前で褒め、注意するときは、なるべくほかの人の目につかないところで、短く注意する。これによって、周囲にその子どものマイナスイメージがつくことを防ぎ、子どもの自己評価を下げずにすむ。

保護者が抱えがちな悩み

落ち着きがない、何度言っても同じことをする、考えずに行動する、など、ADHDのある子どもの行動は保護者を毎日悩ませ続けます。そのためしかる場面も多くなり、つねにイライラした親子関係になりがちです。

また、子どもの行動を、しつけがなってないからだと誤解され、周囲から非難を受けることも多く、保護者自身、「育てかたが悪いから?」という自責の念を持ちやすくなります。このような厳しい状況に置かれた保護者には、子どもとの円満な関係が作りにくいという心配もあります。

広汎性発達障がい・PDD
（Pervasive Developmental Disorder）

広汎性発達障がい（自閉症スペクトラム）とは？

「広汎性発達障がい」とは、自閉症をはじめ、自閉症に類似した特性を持つ障がい（高機能自閉症・アスペルガー症候群など）の総称です。いずれも、脳の中枢神経システムの問題や、脳内の生化学物質の不均衡などが関係しているのではないかといわれている、先天的な障がい群です。

また、広汎性発達障がいは「自閉症スペクトラム」とも呼ばれています。「スペクトラム」とは「連続体」という意味で、自閉症の特性（社会性の障がい・コミュニケーションの障がい・こだわり行動など　詳しくは30ページ）をベースに、それが軽度のものから重度のものまで、またその症状の出かたもさまざまであるということを表しています。例えば、濃縮ジュースの原液を想定してください。水を加えることによって、ジュースの濃さは変化しますが、同時に分子レベルで考えると、どんなに薄めてもジュースの成分のわずかな部分は残っています。このように、「自閉症の特性の出かたも濃かったり薄かったりさまざま」というのが、この自閉症スペクトラムの考えかたです。

広汎性発達障がいを図にすると、すそ野の広がった山のような形になります（左図参照）。

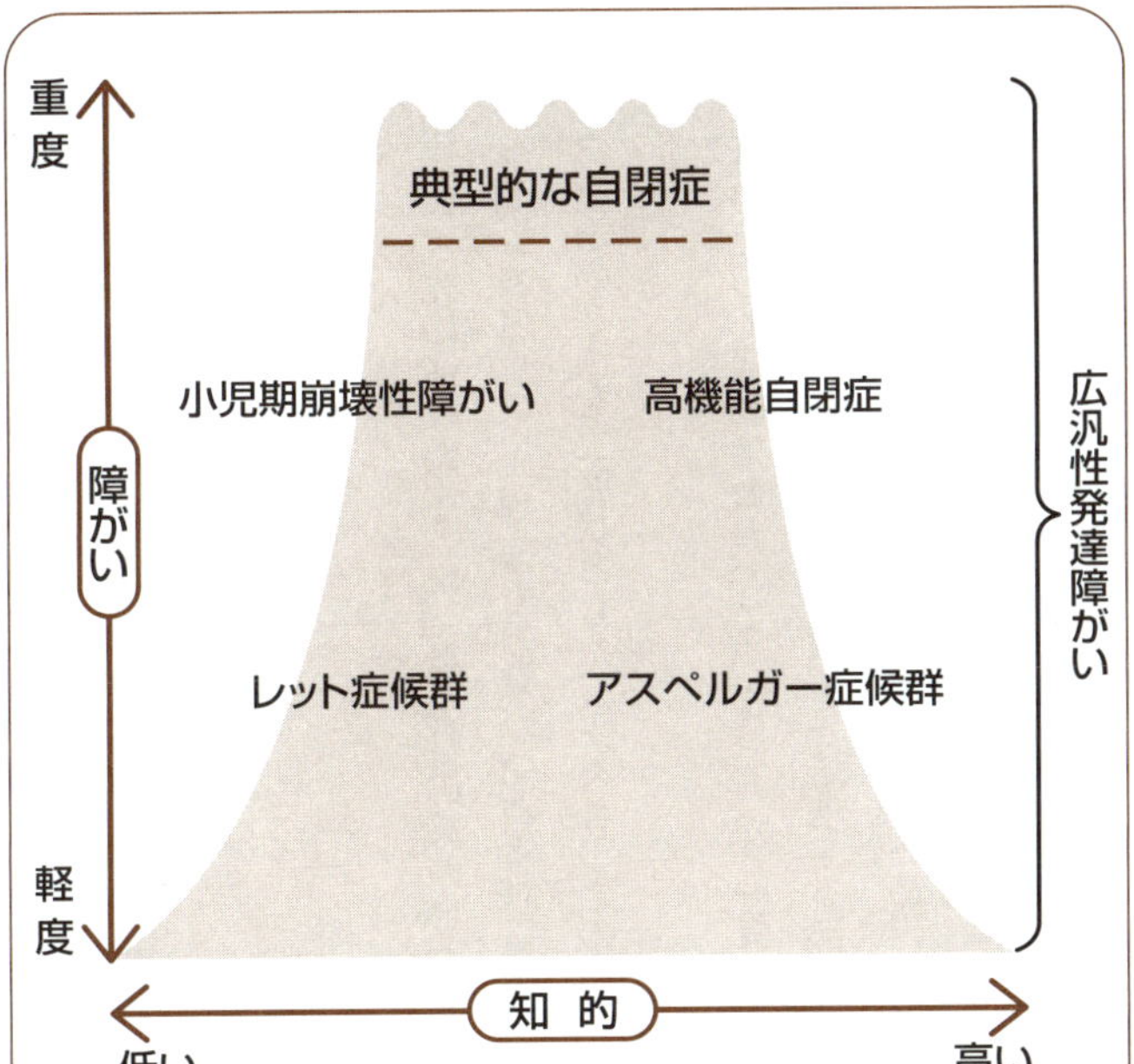

前述の「濃縮ジュースの原液」となる、いわゆる典型的な自閉症が山のトップに位置し、その障がいの度合いや知的能力のレベルによって、高機能自閉症・アスペルガー症候群・小児期崩壊性障がい・レット症候群などが存在します。それぞれが類似の特性を持った親戚であり、その境界線は、とてもあいまいなものととらえられています。このような障がいの総称が、「広汎性発達障がい」なのです。またその中でも、図の中で右側に位置する知的な遅れを伴わないグループ、高機能自閉症とアスペルガー症候群が最近特に注目され、ともに知的な遅れがないグループの総称として、「高機能広汎性発達障がい」とも呼ばれています。ここでいう「高機能」ということばは、「明らかな知的な遅れがない」という意味で使われています。

現在、この障がいの山のすそ野は広がってきているといわれています。そのため、もはや広汎性発達障がいは「まれな障がい」とはいえません。今後、保育現場で接する機会は、より増えていくのではないかと考えられます。

では次に、広汎性発達障がいの主役である自閉症とアスペルガー症候群について、もう少し詳しく見てみましょう。

広汎性発達障がい・PDD

自閉症 (Autism)

特徴

自閉症は、先に述べたように「社会性の障がい」「コミュニケーションの障がい」「想像力の障がいとそれに基づくこだわり行動」の3つを主症状とした、生まれつきの脳の障がいです。

はっきりとした原因はわかっていませんが、「見たり・聞いたり・感じたり」した情報を、理解・処理する部分に問題があるのではないかといわれています。そのため、人とかかわったり、気持ちを伝えたり、相手の気持ちを理解したりすることがたいへん苦手です。「自閉症」ということばから、よく「引きこもり」といった誤ったイメージを持たれがちですが、決して心理的な原因で生じる情緒障がいではありません。心を開けば治るというわけではないのです。

0.2～0.3%の割合で発生するといわれ、5対4の割合で男児に多く認められます。自閉症は単独で生じることもあれば、精神遅滞（知的障がい）、LD、てんかんなどを合併することもあります。

「自閉症」とひと口に言っても、ひとりひとり症状の出かたは違います。知的能力も人によって大きな幅があり、ある程度コミュニケーションが可能な知能水準から、社会生活を送るうえで重度の困難を持つ知能水準まで、とさまざま。最近よく耳にする「高機能自閉症」は、IQが70以上の自閉症を指していて、27ページの広汎性発達障がいの図の中でも、知的能力が高いほうに位置しています。ただし注意したいのは、「高機能」だから「問題が軽い」というわけではないということです。高機能だからゆえの難しさ、誤解の受けやすさもあります。

自閉症は、完全に治ることはありませんが、周りの人の適切な対応によって、目覚ましく成長することが、研究の結果、明らかになっています。特に、自分の周りの世界を理解する力を身に付け、家庭や地域社会で暮らすためのスキルを習得することで、周りの人たちと同じ生活が送れるほどに成長します。指導・支援アプローチとしては次のようなプログラムが注目されています。

・TEACCH(Treatment and Education of Autistic and related Communication handicapped CHildren)

「自閉症のある子どもが大人になったときに最大限の自立性を獲得できるように援助すること」を目的としてアメリカノースカロライナ州で開発され、作られたプログラム。

・ソーシャルストーリー

キャロル・グレイが考案した個別的な支援方法。対人的な状況やその中での人の気持ちなどを文字（または文字と絵や写真など）を使って視覚に訴えて本人に気づかせ、その場で望まれる適切な行動の見本を示す。

診断

診断するうえでの自閉症の定義は、「『社会性の障がい』『コミュニケーションの障がい』『想像力の障がいとそれに基づくこだわり行動』の3つの症状が3歳までに明らかになる」とされています。

診断基準として、アメリカの精神医学会の診断基準マニュアル第4版「DSM-Ⅳ」による「自閉性障害の診断基準」と、世界保健機関（WHO）の国際疾病分類の第10版「ICD-10」による「小児自閉症の診断基準」が多く用いられています（46～47ページ参照）。

これらの基準を基に、人や物へのかかわりかたや興味の示しかたなどを観察し、また保護者との面談などから、その子の独特な特徴を把握して診断を行います。

症状と適切な対応

自閉症に特有の3つの症状を知り、保育現場で心に留めておきたい配慮・対応のくふうについて知っておきましょう。一見よくわからない言動も、それがどうして起こっているのかを保育者が知り、その子にとってわかりやすく、過ごしやすい場を保障することによって、その子のようすはずいぶんよいほうに変わってくるでしょう。

ただ、自閉症のある子どもにこれらすべての症状が均一に現れるわけではありません。出かたはさまざまであることを理解して参考にしてください。

《主な症状とよく見られるようす》

●社会性の障がい

・他人への関心が乏しく、よくひとりであそんでいる
・視線が合わない
・人の気持ちを理解するのが苦手
・だっこされるなど、かかわられることをいやがっているように見える
・表情が乏しい
など

●コミュニケーションの障がい

・なん語、ジェスチャー、指さしの発達の遅れ
・話しことばの発達の障がい（気持ちの込もらない話しかたをする・会話が成り立たないなど）
・反響言語（オウム返し）が多い
・指示が理解できない
・呼んでも振り向かない
・人の表情や場を読むことができない
・知的に高く、言語的な能力が正常でも、冗談や比ゆなどが理解できず、ことばどおりに受け取ってしまう
など

●想像力の障がいとそれに基づくこだわり行動

・手をひらひらさせる
・体を揺する
・ぐるぐる回る
・物のにおいをかぐ
・感触を楽しむ
・回転運動を楽しむ
・特定の物を持つことに執着する
・日課や習慣などの変更に対して抵抗を示す
・展開性の乏しいあそびの反復
・横目を使って見る
・ごっこあそび、見たてあそびが苦手
・物を並べる
など

●そのほかに見られる特有の症状

・感覚の障がい
光や音に過剰に反応するなど、特定の知覚について過敏（感覚過敏）だったり、痛みに鈍感だったりする。
・知的機能のアンバランスさ
知能指数が低いながらも、計算力や記憶力など、特異な能力が突出している。

《かかわりかたのポイント》

●落ち着ける環境を用意

見えるものや聞こえるものなど、外界からの刺激すべてに反応しがち。家具や飾り物などをなるべく取り除いた、静かなスペースを確保しておく。

●ことばかけは統一してシンプルに

ことばの理解が難しいため、話しかけるときには、できるだけゆっくりと、短いことばで。また、そのことばを言い換えたりすると混乱するため、いろいろな表現を使わないようにする。同じ指示を何度も行う場合、その指示の出しかたを統一する。

●活動の流れを視覚的に伝える

予定している活動を、絵や写真を使って一覧表にするなど、目で見てわかりやすく伝える。そのことによって「この次に何が始まるのか」がはっきりし、先の見通しが持てることによって、情緒が安定する。

●活動の区切りを明確に

それぞれの活動の始まりと終わりを明確にする。特に「いつ終わりになるか」を、わかりやすく伝える。「(時計の）長い針が3になったら終わりね」というように、活動の節目が視覚的にイメージできる伝えかたを。

●楽しく取り組めるくふうを
好きなことや興味のあることを課題のテーマにしたり、スモールステップでわかりやすく進めるなどして、取り組みやすくする。楽しく夢中になって取り組み、「できた!」という満足感を実感できるような課題の設定を。

●パニックには冷静に対応
こちらから無理に視線を合わせないようにするなど、パニックには注目しないようにする。けがの心配などがある場合は、その場から離し、静かな部屋で落ち着くまで待つ。パニックを起こして、中途半端にその要求がかなってしまうと、さらに頻繁にパニックを起こすことがあるので、「しからないが譲らない」という一貫した姿勢がたいせつ。パニックがおさまったら「よくがまんできたね」と褒める。

●興味の幅を広げる手助けを
いつも同じあそびに没頭している姿が見られる場合、時にはすぐるなど、その子が好きな刺激を与えてから、ほかのあそびにも誘ってみる。いつもしているあそびを減らすのではなく、ほかのことも楽しめるような支援を。

保護者が抱えがちな悩み

子どもの発達早期から、親子の信頼関係を築くのが難しいため、なぜ自分に懐いてくれないのかと保護者は悩みます。また、周りからも理解を得にくいため、母親が孤立してしまうことも。

自閉症のある子どもに対しては、長々と説明するのではなく、シンプルにはっきりと伝えるのが効果的。それを保護者がじょうずに実践していると、周りからは、とてもキビキビとした言いかたをしているように受け取られてしまい、「冷たい親」だという誤解を招いてしまうこともあります。

広汎性発達障がい・ＰＤＤ

アスペルガー症候群
(Asperger Syndrome)

特徴

アスペルガー症候群は、自閉症の3つの診断基準（「社会性の障がい」「コミュニケーションの障がい」「想像力の障がいとそれに基づくこだわり行動」）のうち、「コミュニケーションの障がい」が軽いグループで、言語発達の遅れもあまりないのが特徴です。表出言語はむしろ早く、2歳8か月から2語文が話せるなど、ことばが達者な自閉症ともいえます。しかし、その分障がいがあることも理解されにくく、誤解されやすい障がいでもあります。

約0.3％の割合で発生するといわれ、男児に多く見られます。遺伝的な要素が比較的多く見られることも特徴のひとつ。しかし、だからといって決して「遺伝のせい」という見かたをしてはなりません。また、チック、うつ状態などを合併することがあります。

27ページの広汎性発達障がいの図では、障がいの程度としては軽度で知的能力が高いあたりに位置します。それぞれの障がいの境界線は非常にあいまいなため、症状が濃いほうが自閉症、薄いほうがアスペルガー症候群と考えてもよいのではないかともいわれています（左図参照）。

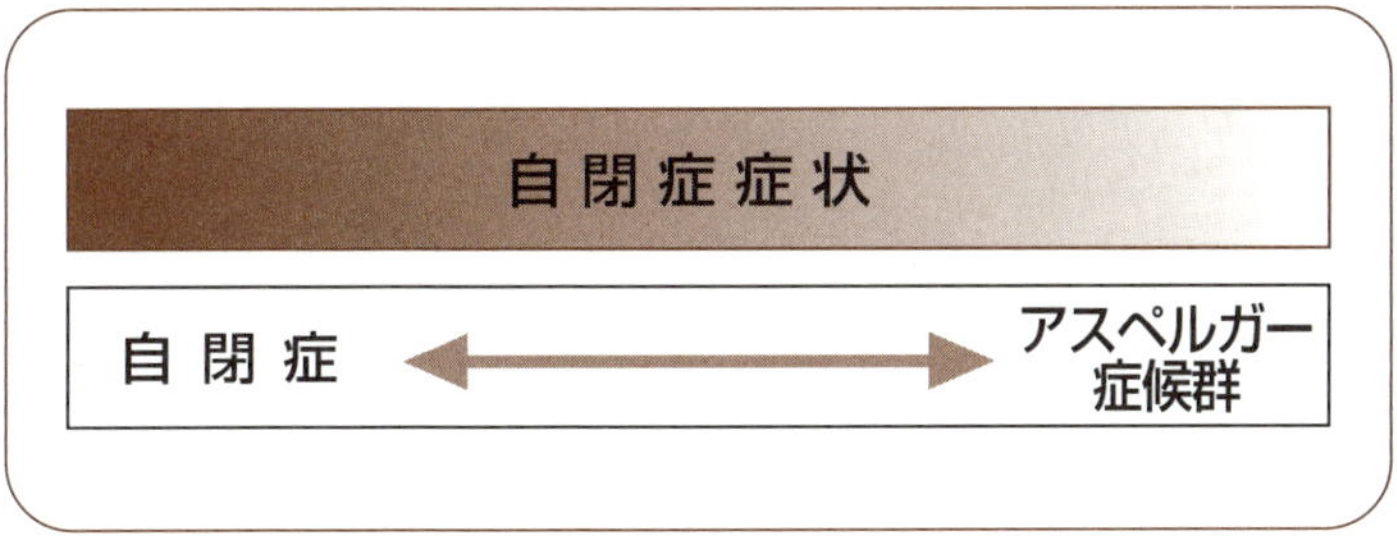

また一方では、両者をはっきり区別したほうがいいという考えかたもあり、アスペルガー症候群を自閉症グループの中でどう位置づけるか、ということに関しては、いまだ議論され続けているのが実情です。また、同じく知的な遅れがないグループに入る高機能自閉症との線引きも、たいへん困難。発語の遅れが高機能自閉症にはあり、アスペルガー症候群にはないなどと違いが指摘されていますが、例えば、3歳のときにはことばの遅れがあり、高機能自閉症と診断されていた子が、6～10歳までに再びチェックをすると、アスペルガー症候群に相当するようになったということもあるのです。このような、発達による診断の変化をどう扱うかについても、一貫した見解が今のところありません。

一見奇妙な言動を繰り返すために、誤解されやすい子どもたち。その言動について、周りの大人がきちんとした知識を持って対応するだけでも、問題視される行動は激減するといわれています。特に発達の著しい幼児期は、適切な対応の効果も早く現れるため、早い時期の理解がだいじなのです。

専門的なアプローチとしては、自閉症のところでも挙げたTEACCHのような構造化の有効性が挙げられます。また、ソーシャルスキルトレーニング、精神療法、家族療法、集団精神療法などもありますが、まだ確立したものはないのが現状です。

診断

アスペルガー症候群は、知的能力の遅れやことばの発達の遅れがないため、1歳半・3歳児健診でチェックされずに通過してしまうことも少なくありません。そのため、保育者が集団生活の中で、子どもの気になる行動に注目し、観察することが重要になってきます。集団生活で目だってくる特性としては、

・同年齢の子どもと同じことを同じ時期にしない。また逆に、周りの子がやらない変わったことをしたりする
・自分のルールに従って行動し、やりたいことが周りから阻止されたときに、かんしゃく（パニック）を起こすことが多いなど、自分のペースを譲らない

などが見られます。ただ、幼児期で対人関係のつまずきを明確に評価するのは難しく、アスペルガー症候群の確定診断は、8～10歳にならないと難しいと言っている専門家もいます。

診断基準は、自閉症と同じく「DSM-Ⅳ」による「アスペ

ルガー障害診断基準」と「ICD-10」による「アスペルガー症候群の診断基準」が多く使われています（48～49ページ参照）。アスペルガー症候群と診断される子どもの中には、多動が目だって見られる子どももいるため、ADHDと診断されてしまうこともしばしば。しかし、多動性、注意散漫、衝動性などの症状が広汎性発達障がいに認められる場合、ADHDとは診断しないという約束になっています。

症状と適切な対応

アスペルガー症候群のある子どもたちには、基本的に自閉症に見られる3つの症状があると考えてよいでしょう。ただ、知的な遅れがなく、表出言語のつまずきが見られにくいため、その症状の現れかたは、いわゆる自閉症とは少し違いがあります。また、知的に高く、ことばも達者であることから、大人がことばでその子に説明ができることもあるというプラス面があります。一方で、問題視される行動に対して自分なりの説明（時に、周囲には言いわけ、へりくつととられてしまう）をするので、周囲から障がいと理解されず、誤解を受けやすいというマイナス面もあります。

ことばの発達に遅れはないといわれていますが、発語数は多くても、キャラクターや駅の名まえなど、カタログ的なものに偏っていたり、また、コミュニケーションの段階では、場面に沿ったことばの使いかたが難しいなど、いろいろな問題も見えてきます。

このコミュニケーションの問題は、保育現場などの集団生活の場面で「とても気になるようす」として表れます。保育者が悩むのも、まさにこの部分ではないでしょうか。わかりにくい障がいではありますが、次で挙げるこの障がいの特性を十分理解したうえで、子どもをよく観察し、ひとりひとりへの適切な対応を見いだしていってください。

《主な症状とよく見られるようす》

●社会性の障がい
・人の気持ちを理解したり、人に合わせて行動することが苦手
・だっこされたりかかわられることをいやがるように見える
・ひとりでいても幸せそうに見える
など

●コミュニケーションの障がい
・発達初期、運動発達よりも言語発達のほうが早い
・ことばを形式的に使い、比ゆや冗談の理解が困難
・人の話は聞かず、興味のあることを一方的に話す
・気難しい顔をして、なんでも知っているように、賢そうに見える
など

●想像力の障がいとそれに基づくこだわり行動
・日課や習慣などの変化に弱く、激しく抵抗する
・特定の物を持つことに執着する
・カタログ的な情報を好み、大量に暗記したりする
（数字・文字・標識・時刻表・世界地図・バスの路線図など）
など

●そのほかに見られる特有の症状
・睡眠パターンが不規則
（寝つきが悪い、目覚めが悪い、なかなか寝ない）
・感覚が過敏で、音刺激や接触をいやがる
・耳から入る情報に注意がいかない
・非常に多動で落ち着きがない

《かかわりかたのポイント》

●予測可能な環境に
日課の変更は最低限にし、初めての場面に向き合うときは事前に知らせるなど、恐怖心を和らげるくふうを。また、イライラがたまってきたときの具体的対処法を教える（深呼吸を3回する、右手の指をゆっくり3回数えるなど）。

●友だちとのかかわりかたを教える
友だちがほしいのに、つきあいかたがわからずに、相手の感情が読めずに侮辱したり、無遠慮に対応してしまう。そういうときは、なぜそういう行動はよくないのか、どういう行動ならよかったのかを具体的に伝え、友だちとのかかわりかたをよりよくしていく。

●孤立しないような配慮を

友だちを作ることが難しいので、保育者が仲介して、かかわりを持ちやすそうな子と近くの席にする（担当生徒制）など、周りの子とかかわる機会を作る。

●よいことと悪いことをはっきり伝える

望ましい行動を身につけるには、褒めるのが効果的。また、その場に関係ないことをしつこく話したり、質問したりすることについては、別に時間を設けるなど、生活構造を明確にする。自由にできることと、特定のルールに従わなければならないことが、子どもにはっきりとわかるように。

●周りから認めてもらえる機会を

数字や文字の記憶力がよいところなど、その子の持っているすばらしい力に注目させるなどして、周りの子がその子を評価し、認める機会を作る。

●興味の範囲を広げるくふうを

その子の持つ興味を追求する機会を設けるなど、その子に歩み寄ることもだいじだが、例えば、車を並べてあそんでいたら、道路にする積み木を持ってあそびに加わるなど、その子の興味に応じたものから少しずつほかのテーマを入れて、興味範囲を広げていく。

●注意を向ける働きかけを

空想世界（ファンタジー）に入ってしまうことがあるので、現実世界に注意を向けるよう、席を一番前にしてこまめに声をかけたり、肩を優しくたたくといったシグナルを出すなど、積極的に働きかける。

●協調運動が苦手なことを理解して

苦手な運動の場面では、周りの子どもたちからからかわれていやな思いをしたり、できないことでイライラしたりするので、参加の無理強いはしない。また、運動面の改善として、感覚統合療法（110ページ参照）などを保護者に勧めてみる。

保護者が抱えがちな悩み

知的に高く、ことばも達者であるために、「障がい」と理解されにくく、風変わりな子、へりくつやさんといったように、性格の問題として周囲に誤解されてしまうことが多くあります。対人関係があまりうまくいかないために、クラスで友だちがなかなかできず、親子ともに孤立してしまうことも。また、保健福祉的な政策や社会保障を受ける枠におさまりにくいことも保護者が悩む要因のひとつです。

column

社会的相互交渉のタイプ

自閉症やアスペルガー症候群などの広汎性発達障がいのある子には、その障がいの特性以外に、それぞれに見られる「お人がら」があります。こうしたタイプを知っておくことは、いっしょに生活していくうえで有用でしょう。

社会参加のしかた・4つのタイプ

広汎性発達障がいのある子どもたちの行動を理解するために、ウイングという専門家が、彼らの社会参加のしかたを4つのタイプに分けました。これらのタイプを知り、広汎性発達障がいのある子どもたちを、「障がい」という視点からだけでなく、「お人がら」「行動のバリエーション」という視点から理解する手がかりにしてください。

孤立型

広汎性発達障がいのある子にいちばん多く見られるタイプです。みんなの中にいても、ひとりだけ、すーっと静かに離れていって、隅のほうで好きなことをし始めるというように、ひとりでいるのを好んでいるように見え、無関心なようすの中にも強い警戒心を秘めています。このようなようすは、成長とともに変わってきます。

受動型

これはもっとも少ないといわれているタイプ。他人からの接触を受け入れ、視線も合いやすく、あからさまには他人を避けないけれども、自分からは入っていかない、引っ張られるとついていく。かかわられるといやがるはずであるところ、触れられても別にいやがらず、「はい、行こうね」と手を持っていくと、黙っていっしょについていくといった行動を示します。

このタイプの子どもで注意しなくてはならないのは、実はそれまではしぶしぶ受け入れていた、言いなりになっていたという場合、青年期になったときに、「今まで黙っていたけれども、ほんとうはいやだったんだ」という思いからパニックを起こしやすいということです。「言うことをよく聞くのですなおな子だ」というとらえかたではなく、「がまんしているのでは?」というとらえかたをすると、かかわりかたも変わってくるのではないでしょうか。

積極型

これは、アスペルガー症候群のある子どもに、比較的多いタイプです。自分が言いたいことがあると、一番前まで行って「先生ぼくね、こうなんだ、ああなんだ」と言い、言い終わったらもういなくなってしまう、というように、会話が一方通行になってしまったり、視線を合わせすぎる、のぞき込むようにじっと見つめる、などはよく見られる姿です。そのため、時には相手から驚かれたり、避けられたりしてしまうこともあります。

「うまくいかないと、攻撃的になりやすい」というところもあり、「折り合い」がつかない難しさもあります。例えば、なわとびが飛べないと、なわとびに向かって「おまえのせいだ！」などと罵声を浴びせ、「こうしてやる、こうしてやる」と言いながらなわとびを踏みつけるというような行動。このような積極・一方通行型は、高機能自閉症やアスペルガー症候群のある子どもに、よく認められます。ことばの表出はできるのですが、ことばのキャッチボールが難しく、どうしても人間関係でつまずきやすくなってしまいます。

大げさな四角四面型

ウィングによると、「礼儀正しく堅苦しいふるまいをするタイプ」で、青年期後期から成人になるまでは見られないといいます。しかしわたしは、曲がったことが大嫌いで、「こうでなければいかん！」と強い正義感のかたまりのような子どもたちまで、広く想定してもよいと思います。

ほかの子どもたちに対して、まちがいを許さない部分があって、よく衝突してしまいます。また、ほかの子どもに注意を払えば払うほど、自分への注意が甘くなり、「身勝手」という評価を受けやすく、周囲からあまりよく見られないこともあります。非常に礼儀正しくて、そのぶん一見堅苦しく、ルールに厳格です。

（田中康雄）

学習障がい・LD
(Learning Disabilities)

特徴

学習障がい（LD）とは、知的能力に遅れはないのに、学習効果が上がらない状態をいいます。1999年に、文部科学省（当時の文部省）が次のように、LDの定義を発表しました。

学習障害とは、基本的には全般的な知的発達に遅れはないが、聞く、話す、読む、書く、計算するまたは推論する能力のうち特定のものの習得と使用に著しい困難を示す様々な状態を指すものである。

学習障害は、その原因として、中枢神経に何らかの機能障害があると推定されるが、視覚障害、聴覚障害、知的障害、情緒障害などの障害や、環境的な要因が直接の原因となるものではない。

医学的な定義では、「読み・書き・計算（そろばん、問題を解くなど）」でつまずく子どもたちを指し、教育的定義では、文部科学省が挙げた定義によって、そこに「聞く・話す・推論する（見通しを立てるなど）」という3つの領域が加わりました。

LDのある子の具体的な姿としては、

- 計算はできるが、文章の意味が読み取れない
- 黒板の字を写すことはできても読めなかったり、読めても意味がわからなかったりする
- ひらがなは書けても（読めても）、漢字が書けない（読めない）
- ひとつひとつのことばの意味は知っているが、仲間集めや共通点の指摘などができない
- 相手の言っていることの意味がわからない
- 自分の思いを適切なことばで表現できない

などが見られます。また学習面だけでなく、そのほかに次のようなようすも見られます。

- 集団行動ができないなど、社会性に困難がある
- 協応動作（2つの動作を同時に行う）が苦手など、運動能力に困難がある
- 集中力が続かない、多動など、注意集中に困難がある

明らかになってくるのは就学後なので、幼児の段階で診断することはできません。約4％存在すると推定され、ADHDや広汎性発達障がいなどを合併することが多くあります。

学習障がいのある子は、知的能力の遅れがなく、学習上の困難が一部分にしか現れません。そのため、周囲から障がいだとは理解されにくく、「やればできるでしょ！」「何度言ったらわかるの……」などと叱咤激励を受けることが多くあります。すると、自信・意欲を失い引っ込み思案になる、気が散りやすくなるなどの二次的情緒障がいが起こります。そしてさらに困難が深まると、チック症状が出たり、不登校に発展したりという可能性もあります。

このような状況を引き起こさないためにも、周囲の早い段階での理解が重要です。

診断

前述の通り、ＬＤの定義は医学的立場と教育的立場とでは微妙にとらえかたが違います。そのため、診断を急ぐよりも、専門機関において医学的・教育的・心理的な立場から、どのようなつまずきを持っているかを明らかにすることが重要になります。

学習能力上の問題なので、就学前には診断できませんが、「将来ＬＤになるかもしれない状態」という観点から、例えば３歳児健診などで「ＬＤリスクのある子」と専門家が判断することもあります。

ＬＤリスクのある子どもには、いくつかタイプがあります。

・おしゃべりはあまり心配ないが、指示がとおりにくいと思える子ども
・きわめて不器用な子ども
・クラス内を勝手に動き回る、けんかが絶えない、人づきあいを避けるなど、対人関係や行動の問題が前面に出る子ども

これらのタイプは、ＬＤと判断される子どもたちの幼児期を振り返って検討した結果、示された傾向です。しかし、ＬＤの子どもたちに多い幼児期のようすが、必ずしもＬＤを予測する要因になるとは限らないため、決めつけは危険です。

発達性協調運動障がい・ＤＣＤ
(Developmental Coordination Disorder)

特徴

発達性協調運動障がいとは、「運動面での不器用さが著しく認められるもの」をいいます。生まれつきの脳の問題で、細かい動きから大きな動きにおいて、微妙な不器用さを持っていて、かつては障がいとしてではなく、「運動オンチ」などと呼ばれていた子どもたちです。

発達性協調運動障がいのある子どもたちの具体的な姿としては、

・スキップが苦手
・行進すると、右手と右足が同時に出てしまう
・三輪車がこげない
・風船などで、口をすぼめてフーと息を出すのが苦手
・指先でお菓子の袋をつまんで開けるのが苦手
・お絵かきで円をかいても、円が閉じない（始点と終点が合わない）
・折り紙で角と角が合わせられない
・ハサミがうまく使えない

などが見られます。

このような症状は、日常生活全般に影響を与えるので、自信を失ったり、できないことへの苦手意識やストレスが大きくなったりしてしまうことが多くあります。また、周りの子からのいじめやからかいの対象になってしまうこともあります。そのため、周囲の大人はこのような状態をきちんと理解して、本人なりの努力を認めて評価することがだいじです。また、感覚統合療法などによるトレーニングにも期待できます。

発達性協調運動障がいは、単独で起こることは少なく、ＡＤＨＤ、広汎性発達障がい、ＬＤなどを合併することが多く見られます。

診断

アメリカの精神医学会の診断基準マニュアル第４版である「ＤＳＭ-Ⅳ」と、世界保健機関（ＷＨＯ）の国際疾病分類の第10版である「ＩＣＤ-10」が多く用いられています。

軽度の知的障がい（Mild Mental Retardation）

特徴

「知的障がい」は、過去、精神薄弱と呼ばれ、最近まで精神遅滞と呼ばれていました。

アメリカ精神遅滞協会による「知的障がい」の定義は、

・知的機能が有意に平均以下（ＩＱ値が70ないし75以下）である

・コミュニケーション、身辺自立、社会的スキル、コミュニティ資源の利用、自律性、余暇、労働など社会適応スキルの制約と、知的機能の制約という複数の制約を持つ

・18歳以前に発症する

とあります。その中で、軽度の知的障がいは、ＩＱ値が50～70（75）程度のものを指します。年齢相応の生活を送るうえで求められる社会適応スキルの遅れを伴うため、認知発達の促進に加え、生活を整え、豊かな生活を保障する日常的ケアと医療的なケアなど、包括的な支援が必要です。

診断

知的能力面と社会的な生活面、両方の面で生活のしにくさを持つ場合、知的障がいという診断が必要となります。そして、知的能力と日常生活の難しさを調べ、ひとりひとりに沿った支援策を検討します。

出典／「DSM-Ⅳ-TR　精神疾患の診断・統計マニュアル」（医学書院）
高橋三郎ほか訳 2004年

注意欠陥／多動性障害の診断基準（DSM-Ⅳ）

A.（1）か（2）のどちらか

（1）以下の不注意の症状のうち6つ（またはそれ以上）が少なくとも6ヵ月間持続したことがあり、その程度は不適応的で、発達水準に相応しないもの。

〈不注意〉

a.学業、仕事、またはその他の活動において、しばしば綿密に注意することができない、または不注意な間違いをする。

b.課題または遊びの活動で注意を集中し続けることがしばしば困難である。

c.直接話しかけられたときにしばしば聞いていないように見える。

d.しばしば指示に従えず、学業、用事、または職場での義務をやり遂げることができない（反抗的な行動、または指示を理解できないためではなく）。

e.課題や活動を順序立てることがしばしば困難である。

f.（学業や宿題のような）精神的努力の持続を要する課題に従事することをしばしば避ける、嫌う、またはいやいや行う。

g.課題や活動に必要なもの（例：おもちゃ、学校の宿題、鉛筆、本、または道具）をしばしばなくしてしまう。

h.しばしば外からの刺激によってすぐ気が散ってしまう。

I.しばしば日々の活動で忘れっぽい。

（2）以下の多動性ー衝動性の症状のうち6つ（またはそれ以上）が少なくとも6ヵ月間持続したことがあり、その程度は不適応的で、発達水準に相応しない。

〈多動性〉

a.しばしば手足をそわそわと動かし、またはいすの上でもじもじする。

b.しばしば教室や、その他、座っていることを要求される状況で席を離れる。

c.しばしば不適切な状況で、余計に走り回ったり高い所へ上ったりする（青年または成人では落ち着かない感じの自覚のみに限られるかもしれない）。

d.しばしば静かに遊んだり余暇活動につくことができない。

e.しばしば"じっとしていない"、またはまるで"エンジンで動かされるように"行動する。

f.しばしばしゃべりすぎる。

〈衝動性〉

g.しばしば質問が終わる前に出し抜けに答え始めてしまう。

h.しばしば順番を待つことが困難である。

I.しばしば他人を妨害し、邪魔する（例：会話やゲームに干渉する）。

B.多動性ー衝動性または不注意の症状のいくつかが7歳以前に存在し、障害を引き起こしている。

C.これらの症状による障害が2つ以上の状況〔例:学校（または職場）と家庭〕において存在する。

D.社会的、学業的、または職業的機能において、臨床的に著しい障害が存在するという明確な証拠が存在しなければならない。

E.その症状は広汎性発達障害、統合失調症、または他の精神病性障害の経過中にのみ起こるものではなく、他の精神疾患（例:気分障害、不安障害、解離性障害、またはパーソナリティ障害）ではうまく説明されない。

▶病型に基づいてコード番号をつけよ

314.01　注意欠陥／多動性障害、混合型：過去6カ月間A1とA2の基準をともに満たしている場合

314.00　注意欠陥／多動性障害、不注意優勢型：過去6カ月間、基準A1を満たすが基準A2を満たさない場合

314.01　注意欠陥／多動性障害、多動性ー衝動性優勢型：過去6カ月間、基準A2を満たすが基準A1を満たさない場合

出典／「ICD-10　精神および行動の障害 —DCR研究用診断基準—」(医学書院)
中根允文ほか訳 1994年

多動性障害の診断基準(ICD-10)

F90 多動性障害

注：多動性障害の研究用診断では、さまざまな状況を通して広範にかついつの時点でも持続するような、不注意や多動、そして落着きのなさを異常なレベルで明らかに確認されておくことが必要である。またこれは、自閉症や感情障害などといった他の障害に起因するものではない。

G1.不注意：次の症状のうち少なくとも6項が、6ヵ月間以上持続し、その程度は不適応を起こすほどで、その子どもの発達段階と不釣合いであること。

(1) 学校の勉強・仕事・その他の活動において、細かく注意を払えないことが多く、うっかりミスが多い。
(2) 作業や遊戯の活動に注意集中を維持できないことが多い。
(3) 自分に言われたことを聴いていないように見えることが多い。
(4) しばしば指示に従えない、あるいは学業・雑用・作業場での仕事を完遂することができない(反抗のつもり、または指示を理解できないためでなく)。
(5) 課題や作業をとりまとめるのが下手なことが多い。
(6) 宿題のように精神的な集中力を必要とする課題を避けたり、ひどく嫌う。
(7) 学校の宿題・鉛筆・本・玩具・道具など、勉強や活動に必要な特定のものをなくすことが多い。
(8) 外部からの刺激で容易に注意がそれてしまうことが多い。
(9) 日常の活動で物忘れをしがちである。

G2.過活動：次の症状のうち少なくとも3項が、6ヵ月間以上持続し、その程度は不適応を起こすほどで、その子どもの発達段階と不釣合いであること。

(1) 座っていて手足をモゾモゾさせたり、身体をクネクネさせることがしばしばある。
(2) 教室内で、または着席しておくべき他の状況で席を離れる。
(3) おとなしくしているべき状況で、ひどく走り回ったりよじ登ったりする(青年期の者や成人ならば、落ち着かない気分がするだけだが)。
(4) 遊んでいて時に過度に騒々しかったり、レジャー活動に参加できないことが多い。
(5) 過剰な動きすぎのパターンが特徴的で、社会的な状況や要請によっても実質的に変わることはない。

G3.衝動性：次の症状のうち少なくとも1項が、6ヵ月間以上持続し、その程度は不適応を起こすほどで、その子どもの発達段階と不釣合いであること。

(1) 質問が終わらないうちに、出し抜けに答えてしまうことがよくある。
(2) 列に並んで待ったり、ゲームや集団の場で順番を待てないことがよくある。
(3) 他人を阻止したり邪魔したりすることがよくある(例;他人の会話やゲームに割り込む)。
(4) 社会的に遠慮すべきところで、不適切なほどに過剰に喋る。

G4.発症は7歳以前であること。

G5.広汎性：この基準は、複数の場面で満たされること。たとえば、不注意と過活動の組合せが家庭と学校の両方で、あるいは学校とそれ以外の場面(診察室など)で観察される。(いくつかの場面でみられるという証拠として、通常複数の情報源が必要である。たとえば、教室での行動については、親からの情報だけでは十分といえない)

G6.G1－G3の症状は、臨床的に明らかな苦痛をひき起こしたり、あるいは社会的・学業上・仕事面での機能障害をひき起こすほどであること。

G7.この障害は広汎性発達障害(F84.-)、躁病エピソード(F30.-)、うつ病エピソード(F32.-)、または不安障害(F41.-)の診断基準を満たさないこと。

出典／「DSM-Ⅳ-TR　精神疾患の診断・統計マニュアル」（医学書院）
高橋三郎ほか訳 2004年

自閉性障害の診断基準（DSM-Ⅳ）

A.（1）、（2）、（3）から合計6つ（またはそれ以上）、うち少なくとも（1）から2つ、（2）と（3）から1つずつの項目を含む

（1）対人的相互反応における質的な障害で以下の少なくとも2つによって明らかになる：

a.目と目で見つめ合う、顔の表情、体の姿勢、身振りなど、対人的相互反応を調節する多彩な非言語的行動の使用の著明な障害

b.発達の水準に相応した仲間関係を作ることの失敗

c.楽しみ、興味、達成感を他人と分かち合うことを自発的に求めることの欠如（例：興味のある物を見せる、持って来る、指差すことの欠如）

d.対人的または情緒的相互性の欠如

（2）以下のうち少なくとも1つによって示されるコミュニケーションの質的な障害：

a.話し言葉の発達の遅れまたは完全な欠如（身振りや物まねのような代わりのコミュニケーションの仕方により補おうという努力を伴わない）

b.十分会話のある者では、他人と会話を開始し継続する能力の著明な障害

c.常同的で反復的な言語の使用または独特な言語

d.発達水準に相応した、変化に富んだ自発的なごっこ遊びや社会性をもった物まね遊びの欠如

（3）行動、興味、および活動の限定された反復的で常同的な様式で、以下の少なくとも1つによって明らかになる：

a.強度または対象において異常なほど、常同的で限定された型の1つまたはいくつかの興味だけに熱中すること

b.特定の機能的でない習慣や儀式にかたくなにこだわるのが明らかである

c.常同的で反復的な衒奇的運動（例：手や指をぱたぱたさせたりねじ曲げる、または複雑な全身の動き）

d.物体の一部に持続的に熱中する

B.3歳以前に始まる、以下の領域の少なくとも1つにおける機能の遅れまたは異常：（1）対人的相互反応、（2）対人的コミュニケーションに用いられる言語、または（3）象徴的または想像的遊び

C.この障害はレット障害または小児期崩壊性障害ではうまく説明されない

出典／「ICD-10　精神および行動の障害 —DCR研究用診断基準—」（医学書院）
中根允文ほか訳 1994年

小児自閉症の診断基準（ICD-10）

F84.0　小児自閉症［自閉症］

A.3歳以前に、次にあげる領域のうち少なくとも1項の発達異常または発達障害が存在すること。

(1) 社会生活のためのコミュニケーションに利用する受容性言語または表出性言語

(2) 選択的な社会的愛着の発達、または相互的な社会関係行動の発達

(3) 機能的遊戯または象徴的遊戯

B.(1)、(2)、(3)から併せて、少なくとも6症状が存在し、そのうち(1)から2項以上、(2)と(3)からそれぞれ1項以上を含んでいること。

(1) 相互的な社会関係における質的異常として、次にあげる領域のうち少なくとも2項が存在すること。

a.視線・表情・姿勢・身振りなどを、社会的相互関係を調整するための手段として適切に使用できない。

b.（機会は豊富にあっても精神年齢に相応した）友人関係を、興味・活動・情緒を相互に分かちあいながら十分に発展させることができない。

c.社会的・情緒的な相互関係が欠如して、他人の情動に対する反応が障害されたり歪んだりする。または、行動を社会的状況に見合ったものとして調整できない。あるいは社会的、情緒的、意思伝達的な行動の統合が弱い。

d.喜び、興味、達成感を他人と分かちあおうとすることがない（つまり、自分が関心をもっている物を、他の人に見せたり、持ってきたり、さし示すことがない）。

(2) コミュニケーションにおける質的異常として、次にあげる領域のうち少なくとも1項が存在すること。

a.話しことばの発達遅延または全体的欠如があり、身振り手振りでコミュニケーションを補おうとする試みをともなわない（喃語で意志の伝達ができなかったという既往のあることが多い）。

b.（言語能力はさまざまな程度に認められるにもかかわらず）他人とのコミュニケーションで相互に会話のやりとりを開始したりまたは持続したりすることにたいてい失敗する。

c.常同的・反復的な言葉の使用、または単語や文節の特有な言い回し

d.さまざまなごっこ遊び、または（若年であれば）社会的模倣遊びの乏しさ

(3) 行動や興味および活動性のパターンが制限され反復的・常同的であるが、次にあげる領域のうち少なくとも1項が存在すること。

a.単一あるいは複数の、常同的で限定された興味のパターンにとらわれており、かつその内容や対象の点で異常であること。または、単一あるいは複数の興味が、その内容や対象は正常であっても、その強さや限定された性質の点で異常であること。

b.特定の無意味な手順や儀式的行為に対する明らかに強迫的な執着

c.手や指を羽ばたかせたり絡ませたり、または身体全体を使って複雑な動作をするなどといった、常同的・反復的な奇異な運動

d.遊具の一部や機能とは関わりのない要素（たとえば、それらが出す匂い・感触・雑音・振動）へのこだわり。

C.その臨床像は、次のような原因で起こっているのではないこと。つまり広汎性発達障害の他の亜型、二次的な社会的・情緒的諸問題をともなう受容性言語の特異的発達障害（F80.2）、反応性愛着障害（F94.1）、または脱抑制愛着障害（F94.2）、何らかの情緒ないし行動の障害をともなう精神遅滞（F70–F72）、ごく早期に発症した※精神分裂病（F20.-）、レット症候群（F84.2）など。

※精神分裂病は統合失調症に名称が変更になりました。

出典／「DSM-Ⅳ-TR　精神疾患の診断・統計マニュアル」（医学書院）
高橋三郎ほか訳 2004年

アスペルガー障害診断基準（DSM-Ⅳ）

A.以下のうち少なくとも2つにより示される対人的相互反応の質的な障害:

（1）目と目で見つめ合う、顔の表情、体の姿勢、身振りなど、対人的相互反応を調節する多彩な非言語的行動の使用の著明な障害

（2）発達の水準に相応した仲間関係を作ることの失敗

（3）楽しみ、興味、達成感を他人と分かち合うことを自発的に求めることの欠如（例:他の人達に興味のある物を見せる、持って来る、指差すなどをしない）

（4）対人的または情緒的相互性の欠如

B.行動、興味および活動の、限定的、反復的、常同的な様式で、以下の少なくとも1つによって明らかになる。

（1）その強度または対象において異常なほど、常同的で限定された型の1つまたはそれ以上の興味だけに熱中すること。

（2）特定の、機能的でない習慣や儀式にかたくなにこだわるのが明らかである。

（3）常同的で反復的な衒奇的運動（例:手や指をぱたぱたさせたり、ねじ曲げる、または複雑な全身の動き）。

（4）物体の一部に持続的に熱中する。

C.その障害は社会的、職業的、または他の重要な領域における機能の臨床的に著しい障害を引き起こしている。

D.臨床的に著しい言語の遅れがない（例:2歳までに単語を用い、3歳までにコミュニケーション的な句を用いる）。

E.認知の発達、年齢に相応した自己管理能力、（対人関係以外の）適応行動、および小児期における環境への好奇心について臨床的に明らかな遅れがない。

F.他の特定の広汎性発達障害または統合失調症の基準を満たさない。

出典／「ICD-10　精神および行動の障害 —DCR研究用診断基準—」（医学書院）
中根允文ほか訳 1994年

アスペルガー症候群の診断基準（ICD-10）

F84.5　アスペルガー症候群

A.表出性・受容性言語や認知能力の発達において、臨床的に明らかな全般的遅延はないこと。診断にあたっては、2歳までに単語の使用ができており、また3歳までに意思の伝達のために二語文（フレーズ）を使えていることが必要である。身辺処理や適応行動および周囲に向ける好奇心は、生後3年間は正常な知的発達に見合うレベルでなければならない。しかし、運動面での発達は多少遅延することがあり、運動の不器用さはよくある（ただし、診断に必須ではない）。突出した特殊技能が、しばしば異常な没頭にともなってみられるが、診断に必須ではない。

B.社会的相互関係における質的異常があること（自閉症と同様の診断基準）。

C.度はずれて限定された興味、もしくは、限定的・反復的・常同的な行動・関心・活動性のパターン（自閉症と同様の診断基準。しかし、奇妙な運動、および遊具の一部分や本質的でない要素へのこだわりをともなうことは稀である）。

D.障害は、広汎性発達障害の他の亜型、単純性分裂病（F20.6）、分裂病型障害（F21）、強迫性障害（F42.-）、強迫性人格障害（F60.5）、小児期の反応性・脱抑制性愛着障害（F94.1およびF94.2）などによるものではない。

症状と対応図――ADHD

ADHDと自閉症について、その症状と対応を簡略化して図にしました。コピーして机にはったり、研修の資料などに活用できます。22～32ページの解説と照らし合わせて、理解を深めてください。

ADHD
主な症状とよく見られるようす

※ADHDのある子どもにこれらすべての症状が現れるわけではなく、またその出かたもさまざま。多動性だけが極端に現れたり、いくつかの症状が同じくらいの割合で出てくるなど、ひとりひとり、そのようすに違いがあります。

●衝動性

予測、考えなどなしに、直ちに行動を起こしてしまう（質問が終わる前に答えてしまう、順番を待てない、待つことが苦手で結果的に他人を妨害しじゃまをしてしまうように見られる、など）。

●注意散漫

注意集中が苦手で一定時間人の言うことが聞けない（うわのそらでボーっとしている、外からの刺激などですぐに気がそれてしまう、忘れ物や物をなくすことが多い、など）。

●多動性

状況と無関係につねに多動。極端なくらいに活動的（じっとしていられない、しゃべりすぎる、走り回る、高い所へ登る、など）。

かかわりかたのポイント

- 焦らずに、おおらかな心で見守る
- 絵カードなどを使い、視覚に訴える
- 見通しが持てるような伝えかたをする
- 思い出し、気づかせることばかけをする
- 漠然とした表現は避け、具体的なことばで伝える
- 刺激を少なくし、集中しやすい環境を作る
- スモールステップで、少しずつ課題に取り組めるようにくふう・配慮をする
- 成功体験を増やし、褒めることで自信を付ける
- くどくど叱責しない・注意は短く、具体的にする
- 褒めるときはみんなの前で褒め、注意が必要なときは個人的に注意する

自閉症
主な症状とよく見られるようす

●想像力の障がいとそれに基づくこだわり行動

手をひらひらさせる・体を揺する・ぐるぐる回る・物のにおいをかぐ・感触を楽しむ・回転運動を楽しむ・特定の物を持つことに執着する・日課や習慣などの変更に対して抵抗を示す・展開性の乏しいあそびの反復・横目を使って見る・ごっこあそび、見たてあそびが苦手・物を並べる　など

●コミュニケーションの障がい

なん語、ジェスチャー、指さしの発達の遅れ・話しことばの発達の障がい（気持ちの込もらない話しかたをする・会話が成り立たないなど）・反響言語（オウム返し）が多い・指示が理解できない・呼んでも振り向かない・人の表情や場を読むことができない・知的に高く、言語的な能力が正常でも、冗談や比ゆなどが理解できず、ことばどおりに受け取ってしまう　など

●社会性の障がい

他人への関心が乏しく、よくひとりであそんでいる・視線が合わない・人の気持ちを理解するのが苦手・だっこされるなどかかわられることをいやがっているように見える・表情が乏しい　など

●そのほかに見られる特有の症状

・感覚の障がい
光や音に過剰に反応するなど、特定の知覚について過敏だったり、痛みに鈍感だったりする。
・知的機能のアンバランスさ
知能指数が低いながらも、計算力や記憶力など、特異な能力が突出している。

↓

かかわりかたのポイント

- ●刺激を取り除き、落ち着ける環境を用意する
- ●ことばかけはゆっくり短く、統一してシンプルにする
- ●活動の流れを絵や写真を使って視覚的に伝える
- ●活動の区切りを明確に伝え、見通しを持たせる
- ●課題に楽しく取り組み、達成感が味わえるくふうをする
- ●パニックには「しからないが譲らない」という姿勢で冷静に対応する
- ●好きなことから興味の幅を広げる手助けをする

医療の現場から

軽度発達障がいの診断、対応の難しさ

乳幼児期における軽度発達障がいの診断は、専門家でも難しいといわれています。医師が抱えるさまざまな困難・問題を知ったうえで、保育現場での対応を考えてみましょう。

診断、判断の難しさ

幼児を前に、何かひとつのあそびに没頭しているから、あるいは落ち着きなく暴れ回っているからといって、それを即「障がい」と結び付ける人はいないだろうと思います。

幼児期の子どもの言動を評価することは、非常に困難です。どうしても行動面に目がいきやすく、その子が何をどのように感じ、どのように考えているかなどは探りにくいものですし、年齢相応か否かの判断も難しいものです。

どんな環境で、どの程度の期間そうした特色のある言動を示していたか、その子が経験を積み重ねていく中での成長はどれほどだったかなど、その子を知るためには、時間をかけてじっくりと取り組まなければなりません。子どものようすを比較的長い目で、たくさんの情報を整理しながら観察していく必要があります。しかし、そうやって時間をかけても診断の難しい子どもたち、あるいは境界線上にいるような子どもたちも、まちがいなくいます。専門家が束になっても明確な答えの出せない子どももいます。「グレーゾーンの子ども」「診断保留」「軽度発達障がいの連続線上にいると想定できるが明確な診断がつけられない」「○○傾向」などという説明しかできない場合もあるのです。

したがって、無理に医学的診断を急ぐより、まず、その子どもにある生活のしにくさ、あるいはいっしょに生活するうえで周囲が感じる難しさに目を向けて、対応策を練ることが必要かもしれません。

子どもの言動については、「脳の発達のつまずき」や「心のつまずき」を見たり、また別の視点でその子の持っている「資質・性分」や、家族を含めてその子が置かれている「生活環境」なども視野に入れながら、複合的に検討します。そのうえで、変更可能な事がら、あるいはかかわりのくふうを図れるものがあれば、できることから計画を立てていくことになります。

介入の難しさ

そして、子どもと向き合うとき、もっともたいせつなことは、保育者などの担当者と保護者との間に、協力関係を築くことです。この連携がどれだけうまくいっているかが、大きな鍵になります。介入あるいは対応を検討するうえでもっとも難しいのは、何かしら特別な対応が必要な子どもであるということを両者が正しく、同じような視点で認識することです。保護者にとって、わが子に何か心配な面がありそうだということと、何かしら診断がつく課題を持っているということとは、大きく異なります。どんなに心配な面があっても、保護者は、「きっとだいじょうぶ」という思いを持ち続けたいものです。これは保護者として、あたりまえの気持ちだろうと思います。

保育者はそんな保護者の揺れる思いにていねいに、やさしくつきあっていかなくてはなりません。判断や診断は、子どもに何かしらのレッテルをはることではなく、その子どもの言動をわかりやすく説明するための道しるべとするべきです。正しい道順の書いてある本を手にすることで、ひどく迷わずにゴールに近づくことができるでしょう。そうした道しるべとしての診断、判断のもと、その子どもと保護者のペースに合わせて歩いていけるよう、適切な協力者として励まし合えるような関係性を作ってほしいと思います。

過剰診断・早期診断の弊害

正しい診断を早期につけることは、保護者にとってつらいことではありますが、対策の道しるべになります。そのため、保護者は正しい対応ができることを願い、医療機関を訪れます。

しかし、その診断を受けることで時に保護者はその子の親ではなく、その障がいの対策専門家になってしまうことがあります。わが子の「育ち」を勉強するのではなく、わが子にある「障がい」について勉強してしまうのです。すると、「うちの子は最近こういう行動をするのだけど、これは◯◯障がいという症状でしょうか。どういう理由でこんなことをするんでしょうか」などと聞いてきます。とうてい、「それをやるのが好きだからじゃないですか」という話では納得しません。さらに過敏になってくると、納得のいく診断を得られるまで複数の病院を渡り歩くといったドクター（あるいはホスピタル）ショッピングをするようになります。多面的な判断材料としての動きであればよいのですが、A病院では◯◯という診断名をつけられました。でもそれでは納得いかないから、B病院に……。そうやって病院を転々としてしまう保護者も

少なくありません。診断名にこだわり、「障がいの専門家」になってしまうと、子どもの成長が見えにくくなってきます。これは、時に過剰診断を生み、弊害ある早期診断となってしまうこともあります。

さらに個人的な経験からいうと、診断を伝える際、その伝わりかたの問題もあります。

例えば、「今の段階では自閉症というよりもADHDと考えたほうがいいと思います。でも、あと何年かしたら、お母さんが心配されている自閉症といえるような症状が強く現れてくるかもしれないので、今のところ確定した診断ではないですね」というような話をしたときに「あ、やっぱりADHDなんですか！」で終わってしまうことがあります。また、「診断できない難しい子」ととらえたり、「もうしばらくしたら自閉症になるんだ」と思ったり……。説明しにくい障がいゆえに、受け取りかたもさまざまとなってしまいます。その

ため結果的に不正確な伝達になってしまうというのも、軽度発達障がいの難しさです。

診断のメリット・デメリット

子どもがいたずらに追い詰められないためにも、診断がつくことの重要性は確かにあります。「これは、この子の責任や保護者の育てかたのせいではなくて、この子の脳の特徴のひとつです」と説明することで一歩前進したケースもたくさんあるのです。今、軽度発達障がいのある大人のかたが口をそろえて言うことには、「もっと早くから自分にこういう特徴があると判断してもらっていれば、必要以上に自分を責めずにすんだ」ということです。

診断がつくことで、本人の中で今までの失敗を含めた、さまざまな行動に説明がついて、必要以上に自分を責めなくてすみます。そうすることで、「では、どうしたらその障がいとつきあっていけるか」というように、きちんと向き合える——そう考えると診断は必要なのかもしれません。

しかし、その一方で、診断をつけることがほんとうに必要なのだろうかという疑問もあります。

昭和24年と28年に日本の学校の教師が『文字の読めない子、書けない子のための対応策』という本を出しています。一部は今でいうLDのある子への対応なのですが、当時はLDということばはなく、「子どもの中にはじょうずに書けない子もいるし、読めない子もいる。それにきちんと対応していくのが教育だ」と言い切っているのです。このように大枠で見ていた時代がありました。今は、医学が発展し、さまざまな障がいが認められるようになったおかげで、細分化、専門分化してしまいました。保育者や教師は「わたしたちはその専門家じゃないから」と腰が引けてしまったり、周囲から「より専門的にかかわりなさい」と期待を込めて言われたりすることで、困惑しているのが現状なのではないでしょうか。

軽度発達障がいという概念も、虐待という概念も、そこから派生する非行や行為障がいという概念も、本来は社会的ルールの中で統括しなくてはいけないところもあります。しかしそれが、すべて医学診断で説明、対応していこうといわれるようになってしまいました。例えば、虐待というのは親子関係の問題として、よりよい子どもとの向き合いかたを学び直すというのが基本的問題であるはずです。しかし、先に医療的にかかわることで、「この保護者は○○○だ」などと、何かしらの病名がついてしまうことがあります。これだけでは解決しないこともたくさんあるのではないでしょうか。

軽度発達障がいにおいても、「確かに○○○という障がいかもしれないけど、べつに診断名はつけなくてもいい」と思える子もたくさんいます。診断名がつかなくても適切な対応はできるという子がいっぱいいるはずです。診断名がつくと、そこから「障がいのある子とない子」という線引きを作ってしまい、その線が引かれたことが生きにくさにつながってしまう場合だってあるでしょう。

これらのさまざまな問題を考えると、わたし自身は診断をつけることが良いのか、悪いのか、はっきりと断言できないというのが正直な気持ちです。いつもこうしたジレンマを抱えています。

しかし、たいせつなことは、さまざまな子どもの行動に対して対応策を練るということです。診断も判断も難しい子どもたちですから、だれも確かなことは言えません。そのため、この子はどうも生活のしにくさを抱えている、というとき、どのような診断名がつくかということではなく、どのようなかかわりをすることでその子は生きやすくなるか、という視点を中心に置きたいと思います。そのためのヒントとして、医学的な経験の積み重ねがひとつの情報源になればよいと思います。同時に、「特別な支援」ではなく、「あたりまえの個別の支援」という視点で子どもたちと向き合うべきだと思うのです。

子どもをどれだけ人間的に語れるか

保育者として、障がいを知識として理解しておく必要はあります。それは貴重なヒントとなります。しかし、そのうえで保育者は、障がいのある子どもをどれだけ人間的に語れるかということがもっとも重要なことと考えています。

例えば、ある医療機関で「ＡＤＨＤ」と診断されたＡくんがいた場合、そこで「どうしよう」と思うのではなく、Ａくんのさまざまな面を観察し、Ａくんを知ろうとすることから始めてみましょう。「Ａくんの家庭環境を見てみると、最近弟が生まれて、お母さんに甘えられず、少し寂しい思いをしているようだ。また、友だちとの関係においては、けんかになりやすくて、どうしても口より先に手が出てしまう。でも、Ａくんのすてきなところは、いつも明るく元気でお友だちみんなに大きな声であいさつができるところ……」このように、

Aくんのいろいろな面を受け止め、「そうか。つい口より手が先に出てしまうのも、明るく分け隔てなくお友だちとつきあえるのもADHDの特徴のひとつだったんだ」と理解しましょう。そして、よいところは褒め、うまくいかないところは追い詰めず、「友だちとあそぶときは、けんかにならないように、わたしが間に入っていよう」などという対策を考えることがたいせつなのではないでしょうか。

障がいを知ったうえで、子どもひとりひとりの存在を尊重してほしいのです。ADHDの診断がついた子が10人いても、それは10人ひとまとめで「ADHDのある子どもたち」とはくくれません。ADHDという診断のついたAくん、Bくん、Cちゃんという、ひとりひとりの人生があって、ひとりひとりに個性があり、生きかたがあります。それを認めてほしいのです。

ただ、多くの保育者・教育者からは、やはり一般論として、障がいのある子にはどうかかわるべきか、というHOWTOが欲しいと言われます。それも理解できます。でも、そのHOW TOは、しょせん既製品。既製品では微妙なところが合いません。オーダーメイドのHOW TOにするのが、保育者の仕事であり、医療現場の人間の仕事ではないでしょうか。

早い気づきとじっくりとした対応

軽度発達障がいのある子の大半は3歳児健診において「心配ない」と言われてきています。その段階で障がいとわかるのは、ある程度の知的な遅れがあるようなケースで、軽度発達障がいのようなわかりにくい障がいのある子の場合は、問

題ないと言われやすいのが現状です。それだけ、3歳くらいの子どもの診断は難しいもの。そう考えると、健診での「心配あり、なし」ということに、必要以上に過敏にならないほうがよいといえます。この段階で医師に相談しても、的を射た答えが返ってくるとは限りません。見落とされてしまったり、保護者の気持ちにまで心が届いていないアドバイスを受けてしまう場合もあるのです。

むしろこの時期、最大の決め手となるのは、保護者として、保育者として、子どもと向き合ったときに感じる「何か違うな」「何か変だな」という気づきです。

軽度発達障がいのある子どもを持つ保護者を対象に調査を行ったところ、3歳までに「うちの子はどこか違う」と思った保護者がほとんどでした。これは振り返り調査なので、子どもが実際に3歳の時点で「何か違うと思いますか?」という質問をしたときの回答ではありません。5~6歳に成長した子の今を見て、「この子のことが心配だと思ったのは何歳ころ?」と聞いて「3歳のころ」と答えたということです。それでもある意味、3歳というのは子どもの変化が微妙であるときなのかもしれません。

本来、軽度発達障がいは、障がいの存在にいち早く気づき、適切な支援を行うことで「社会的自立」を達成させることに目標を置いてきました。これはよく「早期発見・早期対応」と表現されるもので、ここに求められているのは、「育てにくさ」に対する理解と具体的な支援であり、「子どもの育つ環境の保障」といえるでしょう。

わたしは、この「早期発見・早期対応」ということばを「早い気づきとじっくりした対応」と言い換えることにしています。

まず、保育者は、子どもの日常に接しながら、子どもの言動を不思議がり、生きにくさを実感している子どもたちに気づいてください。そして、子どもたちひとりひとりの特性に応じた環境調整を検討していきます。このとき、画一的な枠に子どもをはめ込むのではなく、ひとりひとりの身の丈に合った環境を準備して、実施するべきです。難しい子どもへの対応は試行錯誤でしょう。そのとき、軽度発達障がいの知識が役だつことがあります。軽度発達障がいをひとつの道しるべとして考えていくべき子どもについては、保育者や医療の専門家と保護者を交えた事例検討会を通して経験を積み重ね、洗練された対策へとレベルアップしていく、じっくりとした対応が重要になります。

ただ、その子の課題がどのようなものかを追求しすぎると、その子自体が見えなくなるかもしれません。ある程度の限界、それ以上は細分化できないというところで、ひとまず手を休め、もう一度その子ども、保護者、保育者と視界を広げ、そのバランス関係に注目してみてください。

「課題→診断（判断）→対応・介入（訓練）→能力の向上・課題の消失→障がいの低減」といったモデルで、真正直に取り組もうとすると、ゴールにたどり着くまでに途方に暮れてしまうことがあります。それぞれが持っている課題と向き合いながら、ほどほどにつきあっていくという発想も必要です。完ぺきを目ざさず、適当なところでの折り合いのつけかた、求めても手に入るものと入らないものがあることを知ることで、お互いがとても楽につきあえることもあります。

課題ばかりにとらわれず、その子の行動パターンに合わせて対応していく――迷ったときには話しやすい相手に相談したり、書籍などで、各障がいの特徴的な症状などを見て、その子のようすに合ったところだけを抜き出し、それに対するかかわりかたを参考として実践してみてもよいでしょう。

究極的には、軽度発達障がいに対するかかわりというのは、どの子に対しても適切なかかわりのはずです。つまずきやすく自信を持ちにくい子どもにとってわかりやすい対応は、軽度発達障がいのある子でなくても、すべての子どもに共通なまちがいのないかかわりだと思ってよいのです。

現在、軽度発達障がいに関する書籍は数多く出版されています。ここではそのほんの一部の書籍を紹介しています。より理解を深めるために、ぜひいろいろな本を手に取ってみてください。

ADHDに関する書籍

ADHDの明日に向かって

認めあい・支えあい・赦《ゆる》しあう ネットワークをめざして

田中康雄／著
（星和書店）1,995円

子どもたちとの豊富な経験を持つ医師が、多様な症例を挙げながらＡＤＨＤの対応策をまとめた1冊。ＡＤＨＤの歴史、現場での対応策、関係者間の連携のありかたなどについて具体的に解説した、本書監修者による著書。

嫌な子・ダメな子なんて言わないで

ＡＤＨＤを持つ子の姿と支援法

NPO法人えじそんくらぶ代表
高山恵子／監修　品川裕香／著
（小学館）1,365円

ＡＤＨＤのある子どもとかかわる保護者、教師の日々が紹介されている。トラブルを起こしがちな子が、問題なく社会生活を送るために必要なサポートのしかたを、具体的に解説。ＡＤＨＤの最新医療情報と診断基準表付き。

ＬＤ・ＡＤＨＤ，気になる子どもの理解と援助

丸山美和子／著
（かもがわ出版）1,260円

保育・教育現場からの発達相談に携わっていた著者が、ＬＤやＡＤＨＤはどんな障がいか、子どものアンバランスな発達が気になるとき、それをどう理解して保育の見通しを立てたらよいかを、保育者向けに解説した1冊。

ＡＤＨＤさとるくんの場合

誕生〜小学校低学年

古澤恭子／著（社）発達協会
王子クリニック／協力
（鈴木出版）1,785円

ＡＤＨＤのある男の子さとるくんの母親による、パワーあふれる手記。誕生から多動のはじまり、しつけ、保育園や小学校、クリニックでのようす、家族や友だち関係などが詳しくつづられている。

ボクたちのサポーターになって!!

注意欠陥多動性障害を理解するための手引き

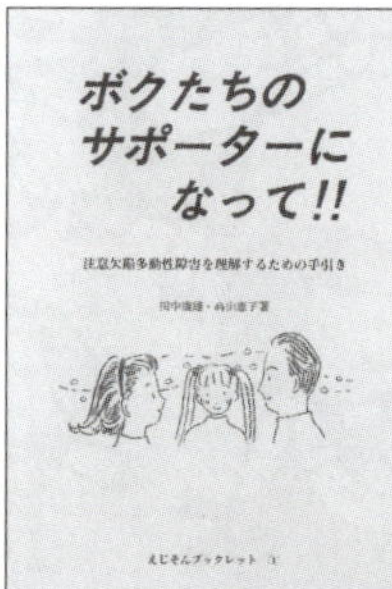

田中康雄　高山恵子／共著
（えじそんくらぶ）350円

ＡＤＨＤを正しく理解するために、子どもたちの状況を実例を挙げて説明。この問題に取り組むための情報が、コンパクトにわかりやすくまとめてある。

ボクたちのサポーターになって!! 2改訂版

ＡＤ／ＨＤ 薬にできること・できないこと

田中康雄　高山恵子／共著
（えじそんくらぶ）　450円

薬物治療、心のケアなどのサポートを、具体的・簡潔にまとめた1冊。また、4名の保護者による手記もあり、教育機関に対する思いもそこで詳しく述べられている。

広汎性発達障がいに関する書籍

自閉症療育ハンドブック
— TEACCHプログラムに学ぶ —

佐々木正美／著
（学習研究社）　2,520円

ひとりひとりの個性や能力に合わせた、保育・教育・療育の現場でのシナリオ作りのための入門書。自閉症の診断や評価の方法、不適応行動にどう対応するかなど、現場で悩む人に読んでほしい1冊。

自閉症児のための絵で見る構造化

佐々木正美　宮原一郎／共著
（学習研究社）　1,995円

TEACCHプログラムに基づき、自閉症のある子どもが自分の周りの世界や情報を理解して、安心してみずからふるまい、学習や生活することができるようにするための視覚的構造化の実際を、詳細なイラストで解説したビジュアル図鑑。

アスペルガー症候群がわかる本
理解と対応のためのガイドブック

クリストファー・ギルバーグ／著
田中康雄／監修　森田由美／訳
（明石書店）　1,890円

アスペルガー症候群とは何か。その定義や特徴のほか、自閉症やADHDなど関連する障がいとの違いや関係性、治療の可能性や具体的症例などについて、同分野における第一人者が詳しく解説。

アスペルガー症候群の理解と対応
新しい障害モデルから考える

田中康雄　佐藤久夫
高山恵子／共著
（えじそんくらぶ）450円

アスペルガー症候群についてわかりやすく解説。WHO（世界保健機関）による障がいのモデル「ICF」や保護者の手記など、「障がい」を新しい視点から考えるヒントを提案する。

アスペルガー症候群と高機能自閉症の理解とサポート

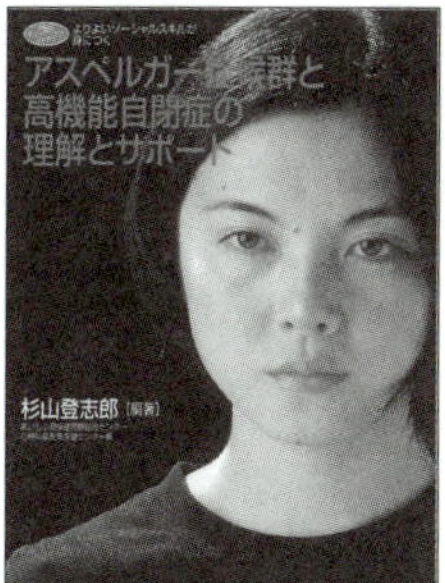

杉山登志郎／編著
（学習研究社）1,890円

アスペルガー症候群や高機能自閉症のある子どもたちの療育・教育に日々携わる人々が、理解とサポートについてポイントを絞り、わかりやすく解説した実践書。手記や座談会も交え、幼児期から就労期までの成長を見据えた多角的な内容。

※価格はすべて税込です。なお、「えじそんくらぶ」から出ている本は、えじそんくらぶのホームページで注文ができます。詳しくは、228ページをごらんください。そのほかの書籍は、お近くの書店でお求めください。

そのほか、より理解の広がる書籍

今、親にできること
よりよい親子関係のために

高山恵子／著
（えじそんくらぶ）　350円

子どもによくない影響を与える保護者の12のタイプ、子どもの問題行動の裏にある4つの心理など、「親子関係がしっくりいかない原因」が発見できる。保育現場でも参考になる情報が充実。

読んで学べる ADHDのペアレントトレーニング
むずかしい子にやさしい子育て

シンシア・ウィッタム／著
上林靖子　中田洋二郎　藤井和子
井潤知美　北道子／訳
（明石書店）　1,890円

著者が治療スタッフとして、何千という家族にかかわり、効果を上げたペアレントトレーニングを紹介。子どもへの対応、ことばのかけかたなど、よい例とよくない例を提示しながら、具体的に示すガイドブック。

我、自閉症に生まれて

テンプル・グランディン
マーガレットM. スカリアノ／共著
カニングハム久子／訳
（学習研究社）　2,520円

1953年、6歳のときに自閉症と診断された著者テンプル。彼女は、幼児期から自立に至るまで、何を思い、どう生きてきたか。自閉症に特有な諸症状の背景が、今明らかに。自閉症のある人本人が書いた、世界で初めての本。

自閉症だったわたしへ

ドナ・ウィリアムズ／著
河野万里子／訳
（新潮社）　820円

わたしってそんなに「変でおかしな子」なの？　幼いころから周囲のだれともうまくつきあうことができず、いじめられ傷つき苦しみ続けた少女ドナ。みずからの「生きる力」を取り戻すまでを率直につづった記録。

ADHDと自閉症の関連がわかる本

ダイアン・M・ケネディ／著
田中康雄／監修　海輪由香子／訳
（明石書店）　1,890円

ADHD、反抗挑戦性障がい、アスペルガー症候群というそれぞれ異なる診断のついた3人の子どもを持つ著者が、実体験と徹底した研究を基に、ADHDと自閉症のつながりとそれを意識した臨床の重要性を指摘する。

特別支援教育のための精神・神経医学

杉山登志郎　原 仁／共著
（学習研究社）　1,890円

特別支援教育・障がいのある子どもの教育に携わる人のための本。自閉症、ADHD、LD、ダウン症、てんかんなどの子どもたちを中心に、理解や支援をするための最新医学知識をわかりやすく紹介。

第3章

クラスにいる「気になる子」のサポート

クラスの「気になる子」について16のケースを挙げ、園現場と医療現場の双方からアドバイスをします。
また、子どもどうしのかかわり、1年の保育の中で気を付けたいこと、保育者どうしの連携についても考えます。

指導・執筆●園での対応／わかくさ保育園
医学的立場から／田中康雄
療育の立場から／澤井晴乃（高崎福祉専門学校講師）
松岡清子（東京小児療育病院）
原國優子（日本リハビリテーション専門学校）

case 1

A男／4歳男児

流れの切り替えでパニックを起こす

あそんでいる最中に、「○○の時間ですよ」と声をかけられると、「いやだ、バカ。おまえなんか嫌いだ」と怒って、暴れてしまう。

園での対応

予告することで心の準備を

A男は、「そのつもり」でないときに、やっていることを終わりにされることががまんならないようでした。そこで、あらかじめこれからの行動に見通しを立て、その子どもにわかりやすく伝えることが有効と考え、次のような方法で伝えるようにしました。

●時計を使って伝える

数字を理解できる子どもには、「長い針がXになったら～しようね」「Yになったらお片づけするからよろしくね」と予告する。

医学的立場から

その子の理解度に合わせた伝えかたを

子どもの中には、ことばだけでは具体的なイメージを持ちにくい子、耳から入る情報では集中して聞き取ることができない子、何かに過剰に集中していて周囲に気がまわらない子、などがいます。そんな子にとって、音としての「ことば」はとてもあいまいなもので、わかりにくいものかもしれません。「これが終わったらやれるよ」と言っても、信用できず、「次」という時間的な感覚や、「これが終わったら」という「始まり」と「終わり」がわからないと、見通しが持てず不安なのです。

ことばの意味理解が十分なら、「○○ちゃん、これはもう終わりね。次は△△するよ」と言うだけで納得し、切り替

●カードを使って伝える
絵カードや写真を見せて次の行動を伝えておくとわかりやすい子どももいる。文字を理解できる子どもには、その場で書いて伝えたり、絵カードに「しょくじ」「さんぽ」などの文字を書き添えてもよい。

このように、活動の切り替わりのたびに次の行動をわかりやすく予告すると、A男も今やっているあそびを中断することへの心の準備ができ、見通しも立てられるようになってきました。また、「お片づけしましょう」では、あそびのじゃまをされたと感じて抵抗を示したり、パニックを起こしたりしやすいため、「お片づけをしたら、外であそぼうね」などと、その次のお楽しみを持たせ、さらに先の見通しまでつけてあげることで、切り替わりに対する抵抗がより減っていきました。流れの切り替えでパニックを起こしやすい子どもには、どうすればその子どもにとってわかりやすく伝えることができるのかを考えることがたいせつです。

えられる子もいますが、それが難しい場合、保育者がいっしょに片づけることで終わりを知らせたり、視覚的な情報を用いて伝えることが有効でしょう。

また、低年齢の場合は、実際に連れて行って「ここだよ」というふうに場所を見せるほうが理解しやすいかもしれません。保育者が「お外に行こうね」と伝えたのが、子どもにとっては「オソトニイコウネ」という音の並びとしてしか聞こえていない場合もあります。ことばと物が一致しないことでとまどったり、あいまいな表現であるために困ってしまうという子はとても多いのです。その子の理解度に合わせたわかりやすい指示、伝えかたを実行していくと、混乱が少なくなります。保育者が対応していく中で、「この子はこのやりかたならわかる」と見極めがつくと、安心できるかかわりになってきます。

どうしても、子どもの怒りがおさまらないこともあるでしょう。その場合は、ひるまずに次の行動を促し、予定どおりに進めたうえで、「ごめんね、もっとあそびたかったのにね」と子どもの気持ちに添うことばをかけ、「えらいね。よくがまんしたね」と評価してほしいと思います。

case 2

B子／5歳女児

予定が変わるとパニックを起こす

行事や何かのつごうで生活の流れが変わると不安になり、大泣き、大暴れをして、パニックを起こす。

園での対応

変更があるときは、必ず事前に個別に伝える

行事や何かのつごうによって日課が変わるのは避けられないことです。そうした変化を、ことばでの説明を受けるだけで見通しが立てられる子どもと、とても不安になってしまう子どももといます。少しでも日課が変わるとパニックを起こすB子には、生活の流れに関して独特のこだわりがあったようです。「×時になったら○○する」「次は△△する」という一日の流れの順番が決まっていて、それを強く意識して生活していました。そのため、B子の予測と違うことが、予告なしに自分の生活の流れの中に入り込んでくると、混乱してしまうのです。

医学的立場から

まず、大人との信頼関係を築くことから

「予定」というのは一方的に提示するものではありません。こちらの提示に対して相手が何をどの程度書き加えているか、ということにも心を配ってほしいと思います。例えばB子は、このあそびの後にトイレに行こうと決めていたのに、時間がないために「すぐにお外に出てください」と言われてしまったのかもしれません。このように、提示された予定に自分のスケジュールを追加していることもあります。

B子のように、パターン化した生活のほうが安心だという子もいますが、そのパターンがずっと続くとは限りませ

そこで、行事や日課の変更があるときは、個別にていねいに、その変更内容と順番を伝えるようにしています。例えばB子の場合、その日の活動とその時間を表で示し、どの部分が変更になったかを強調して伝えました。B子は文字や数字が理解できたのでこのようにしていますが、理解が難しい子どもの場合は、写真や絵でくふうするとよいでしょう。

このように具体的にわかりやすく伝えることで、B子は見通しが持てるようになり、パニックも減っていきました。

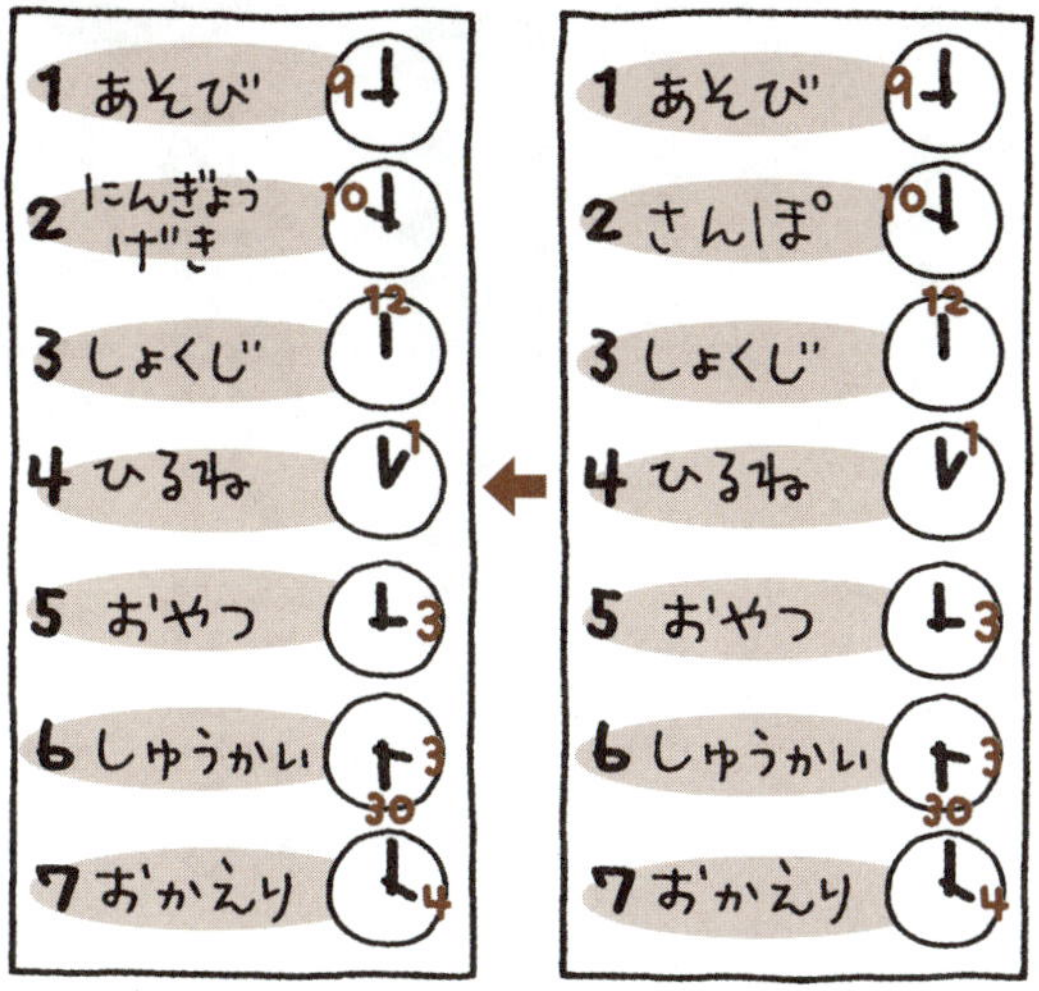

↑「いつもは10時にお散歩だけど、今日はホールで人形劇を見るからね」と変更部分を強調して伝える。

ん。成長とともに「1↓2」という順番が「2↓1」でもいいやと思えてくることはあります。また、将来的なことを考え、周りの働きかけで、パターンを柔軟にする方法を意図的に行っていく場合もあります。1↓2だったのが、「今日は2↓1にするよ」というように伝えていくのです。それもまたパターンではあるのですが、ひとつのパターンをいくつかに広げていくことで、多少なりとも臨機応変に対応することに子どもが気づくことになります。

ただ、まずは子どもを不安にさせないことがだいじになります。自閉症傾向がある子の場合、気持ちのベースにあるのは「不安感・恐れと孤独感」なので、それを助長するようなことがあると、その関係は決してよくなりません。「A先生は、パターンを守ってくれる大人だ」という認識があると、「A先生の言うことを聞いていると、すごく安心」と感じます。そうやって保育者との関係が深まってくると、「ごめん、Bちゃん。今日はこういうことなんだ」と予定を多少変えても、「A先生が言うんだから、いいか」と思えるようになるものです。

かかわる大人がその子の不安感をすくい上げ、恐れから守り無理強いしない、こちらのつごうで予定をころころ変えない、という姿勢を伝え、しっかりと実行していくことで、その子との信頼関係が深まると思います。

column

パニックの理解と対応

自閉症のある子への対応の中で、「パニック」にどうかかわったらよいのか、悩んでしまうことが多いようです。ここでは、パニックを起こしてしまう子どもの気持ちの理解と、その対応について、解説します。

パニックの理解

突然金星に降ろされた感覚

自閉症傾向のある子が予定の変更によって味わうパニック。それは、いまだかつて経験したことのないような状況に置かれたときの気持ちと同じなのです。

ある日突然金星に降ろされて、ひとりで生活しなければならないとしたら、どうでしょう。その日一日がどんなふうに過ぎていくのかがわからず不安になるし、しかも向こうから見たこともない金星人みたいなのがやってきて、何かひとことふたこと声をかけたとしたら……だれもが落ち着いてはいられないでしょう。そのくらいの不安、見通しの持ちにくさなのだと理解してください。

それでも3～4日たつうちに、同じ顔をした金星人が毎日同じ時間にやってくれば「まあいいか」とも思えてくるでしょう。それが毎回毎回、顔も姿も違う金星人が、入れ代わり立ち代わり不規則な時間にやってきたり、突然目の前にパーンと何か出されたりしたら、いつまでたっても安心できませんよね。自閉症のある子にとって、急に予定が変更されたり、知らないものや人が突然やってくるというのは、それくらい強い不安になることだと考えてください。

信頼が安心につながる

重い自閉症のある子も、人との関係性は必ず成立します。自閉症と診断のついた子は、最初の2～3年は、親でさえも目が合いません。しかし4年くらいたてば、親とは目が合ったり、いざとなったらお母さんにしがみついたりします。つまりお母さんは信頼のできる人になったということです。お父さんが帰ってくるとお母さんの後ろに隠れてしまう……それはお父さんが嫌われているのではなく、まだその子にとってお父さんはよくわからない金星人だということなのです。

また、ピンクのエプロンをつけたA先生なら信頼できるけど、エプロンを取って街中でワンピースを着ているとA先生とは思えない、ということもあります。この金星（園）の中にいて、このユニフォーム（エプロン）を着ている人が自分にとって安心できる金星人。違う場所で違う格好をしていたら、とても同一人物とは思えないという感覚なのです。

ひとつずつ積み重ねて記憶

自閉症のある人は、このように情報をひとつずつビデオライブラリーのように脳の中に蓄積していきます。積み重ねの過程も、自閉症のある人の場合は特徴があり、ひとつずつ分離して積み重ねます。例えば「あなたはネコが好きですか？」と聞かれたら、ふつう、一般的な動物の種類のネコとして答えると思います。でも自閉症のある人は、「3歳のときに会った黒いネコについて……4歳のときに家で飼っていた白いネコについて……12歳のときの友だちの家の茶色いネコについて……」というように、ひとつひとつ独立した形で積み重ねた記憶から引っぱり出して考えます。一般的な意味での「ネコ」ではなく、ビデオテープがネコ1、ネコ2、ネコ3と3本あるけれど、それを1つの「ネコ」というテープにまとめることはできないわけです。

自閉症のある人は、年を取るほどに実際に経験して蓄積した情報（ビデオテープ）が増えてきます。そしてその豊富な情報を駆使して、少しずつ応用がきくようになってくるようです。そういった意味でもわかりやすい経験学習・積み重ねがとてもだいじになります。

毎回繰り返しのように思える新年度や園行事も、自閉症のある子にとってはそのたびに不安になるものです。園生活を1年間の流れとしてとらえることがなかなかできないのです。運動会が来るたびにパニックを起こす子に、「去年もやったでしょ」と言っても、それは去年の運動会であって、これからやる運動会はその子にとっては別のものなのです。園の行事や毎日の過ごしかたの中で、子どもたちが安心できるか、パニックを起こしてしまうかには、周囲の取り組みかたが大きく影響します。したがって、彼らにある不安、生じやすい不安について、よく理解しておく必要があります。そして、無理強いしないでやさしく、しかも日々の生活に見通しが持てるような、一貫して整理された情報の提供がたいせつになります。パニックは、自閉症のある子どもにとって、いいようのない不安、説明のつかない不安が生じたサインだと理解すると、子どもを責めたり、むやみになだめることよりも、保育者は、必要な対応についてくふうすることができると思います。

（田中康雄）

パニックへの対応

基本は注目しないこと

パニックは、起こしてしまったらどんなことばをかけても困難。時間をかけないとおさまりません。対応としては、注目しないというのが基本。部屋の隅やコーナーに連れていき、「落ち着くまでここにいようね」と言って、あとはおさまるまで見守りましょう。「みんなといっしょ」にこだわらず、周囲にその子に対するマイナスイメージを持たせないためにも、集団から離しておくことがたいせつです。自傷行為の場合も、危険がない限り黙って見守ります。もちろん血が出るほどのことだったら止めますが、ついびっくりして声をかけてしまうと、それが刺激になってさらに不安や期待が高まり、ますますパニックを起こしてしまうこともあるのです。

パニックのマイナス面

パニックには、起きたあとで本人がいけないことをしてしまったという自責の念を抱くことと、周りから「あの子はこういう子だ」とマイナスイメージで見られるという2つのマイナス面があります。そういう意味では、できるだけ起こさせないほうがいいでしょう。

2歳くらいなら、おもちゃを取られて、ギャーッと大泣きするのは発達段階として自然なことと考えますが、4～5歳になってもまだ、がまんできずにそういう表現しかできないという場合は、やはり、ことばで伝えたりがまんしたりということを教える必要があります。

ほかの表現方法という点では、まず保育者がことばで伝えるなど正しい表現のしかたをやってみせ、練習します。そして、それができたら、「貸してって言えたの。えらいね」などと褒めてください。また、イライラしてきたときに、その子が好きなあそびに誘って気分転換を図るということもいいでしょう。そうやって気持ちの調整をつけることを覚えていくと、パニックを起こす回数も徐々に減っていきます。

家庭でのかかわりかたにも気を付けて

ただ、パニックを起こしたときに、周囲の大人たちがなだめるために「お菓子をあげる」「おもしろいビデオを見せる」といったその場しのぎの対応をしてしまうと、以後、このパニックは、そうした対応をするまでおさまらないというパターンになってしまうこともあります。すると周囲が作ったパターンなのに、一見、大人との駆け引き、お菓子目当て、ビデオ目当てのパニックのように認められてしまいます。園でパニックを起こすと、保育者と一対一になれるとか、好きな保育者を独占できたという事態も同じことです。

その場しのぎの対応といって、周囲を責めることは簡単ですが、実際にはそれ以外の手立てがなかなか見つからない、というくらいパニックが激しいということなのです。パニックへの対応は、実際難しいことです。事実、ビデオを見せることでおさまると、なかなか別の方法を検討する気持ちにはなりにくいものです。

パニックについては、起こさせないような対応と、起きてからの対応とを分けて考えることがたいせつです。起こさせないためには、わかりやすく見通しの持てる一貫した対応を心がける。起きてしまってからは、あまり刺激を加えずに、嵐が去るまで待つ（見守りつつ無視する）ということを基本にするべきでしょう。

それでも毎日の生活、わたしたちもその場しのぎの対応をしてしまうことがあります。しかしそのことで落ち込みすぎたりせず、「次はがんばってみよう」と気持ちを切り替えること、完ぺきな対応を求めすぎないこともたいせつです。

（高崎福祉専門学校講師　澤井晴乃）

case 3

C太／4歳男児

集団活動をいやがり、参加できない

集会のときなど、みんなで並び始めると走って列から抜け出し、高い所に登ってしまう。興味のあるあそびが始まると戻ってきて参加することもあるが、保育者が声をかけると、いやがって逃げ出す。

園での対応

「スモールステップ」で進めていく

C太は、集団活動に注意・集中することが苦手なために落ち着かず離席したり、整列していることができないようでした。このような場合、保育者はわざとふざけているのではないということを理解して接することが重要だと思います。C太のような子どもの場合、いきなりすべて、ほかの子どもと同じようにすることを求めるのではなく、できそうなところから少しずつ参加して持続時間を延ばしていくという、「スモールステップ」で進めていき、やがてみんなと同じような参加形態にまで持っていくことが、その子どもが自信を付けることになると考えています。

医学的立場から

なぜこのような行動をとるのかを考えて

集団での行動がじょうずにできなかったり、いやがったり、参加してくれないときは、「集会の雰囲気が楽しそうで、はしゃいだ気分にブレーキがきかなくなっている」のか、「いつもと違う雰囲気にとまどい、不安感を持っている」のかをまず見極めます。それによって対応も違ってきます。ADHDのような傾向のある子どもがはしゃぎすぎてしまう場合は、保育者がそばにいて興奮を抑え、クールダウンさせるという対応をします。無理やり押さえつけると「行きたい、行きたい」となるので、最初はついていき、「楽しいね」とことばをかけながらも、「みんなのところに

C太の場合、興味のある部分では戻ってきて参加する行動をとっているので、「やりたくない」とすべての参加をいやがったら、保育者は無理に参加を促すのではなく、やりたくないという気持ちを認めつつ、「やりたくないんだ。じゃあやらなくてもいいから、ここでみんながやるのを見ていることはできるかな?」と聞いてみました。こうすることによって、「無理に参加しなくていいけれど、逸脱した行動をとってはいけないこと」を意識し、協力してもらうのです。見ているうちに体が動き、参加したそうになったら、そのタイミングを逃さずに「やりたいの?」と聞いてみます。このときに本人が「やりたい」と意思表示をしたら、「だったら順番を待って並ぶとできるけど、どうかしら?」などと聞きます。そして、そこで子どもが「わかった。順番でやる」と答えたら参加してもらい、できたときには「順番を待って、よくできたね」と、プラスのことばかけを忘れないようにします。

できてあたりまえとは思わずに、少しでもできたことを褒めることにより、自信を付けていくことがたいせつ。それが次のステップへとつながっていくのです。

行ってみようか」と、徐々に集団を意識させていくとよいでしょう。

一方、自閉症傾向のある子のように不安が強い子どもの場合は、集団に入る前に、「今日は、この後みんなのところに行くからね」「あの庭に出るからね」と予告をして、子どもにイメージさせます。また、集団に入るときも、「心配ないよ。先生といっしょに行こうね」と言って、いつでも抜けられるように最後尾につくなどして、安心できるための配慮をするとよいと思います。

保育者の声かけをいやがるのはなぜかということにも点検が必要です。保育者の声が耳に入らないでマイペースで飛び跳ねているのか、いくら声が入っても不安だから指示に従いたくないのか、などを考えます。ふだんの保育室での指示もいやがるようなら、保育者の声のトーンでびっくりしてしまったり、しかられたように感じてしまっているのかもしれないので、点検します。

子どもをよく観察し、なぜその子がそういった行動をとるのか、いろいろな仮説を立てながら対応を検討していくとよいでしょう。いずれにしても、無理強いしないというやりかたは、相手をとても尊重した向き合いかたになります。そうすることによって、子どもとの信頼関係が築かれ、安心を提供することができるでしょう。

column

セルフエスティームを高めるために

軽度発達障がいのある子の育ちを大きく左右する「セルフエスティーム」。ここでは、その意味と子どものセルフエスティームを高めるために、周囲の大人がどうかかわればよいのか、だいじにしたいポイントについて解説します。

セルフエスティームとは

セルフエスティームとは、特にADHDのような障がいのある子にはとてもたいせつな概念です。セルフエスティームにあたる日本語としてよく聞かれるのは「自己評価」「自尊感情」などですが、英語の原語にはもっと深い意味が含まれ、そこまで深い意味を含めて説明できる日本語はありません。定義づけるとすれば、「自己イメージに対して自分の価値を評価し、自分をたいせつにしようと思う気持ち」。したがって、セルフエスティームが高いということは自己に対してよいイメージを持ち、自分が価値ある人間だと思え、自分をたいせつにしようという気持ちが高いということです。

子どもを育てるうえで重要なのは、セルフエスティームを高めること。「しかって育てる」というのもひとつの方法ではありますが、例えば、ADHDのある子だと、褒められることが人一倍彼らのやる気のもとになり、しかられることが自信喪失・希望喪失につながってしまいます。セルフエスティームの低い子をしかってしまうと、ますます「自分はダメなんだ」と追い込むことになり、セルフエスティームはますます低下。そのまま成長すると、二次的情緒障がいの心配も出てきます。「自分は価値のない人間だ」という思いが高じると、最悪の場合、自殺、非行、犯罪に至ることもあるのです。

褒めるためにはまず見かたを変えることが重要です。「10分しか集中できない子」というマイナスの評価ではなく「10分も集中できる」というプラスの評価に変えましょう。

行動の好循環と悪循環

では「褒める」ことが、セルフエスティームの高まりにどう関係しているのでしょうか。「行動の好循環・悪循環」というものがあります。行動のひとつひとつが次の行動へと循環して繰り返されるという考えかたですが、これをもとに考えてみましょう。

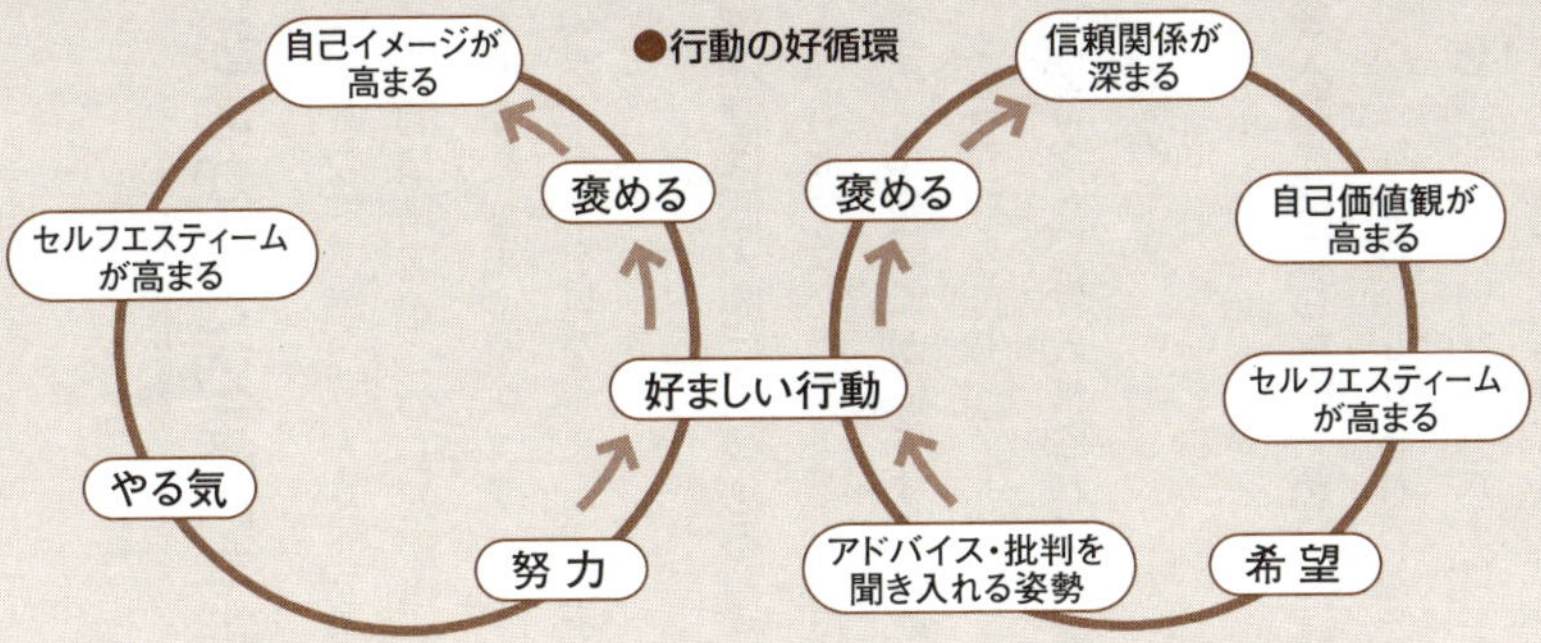

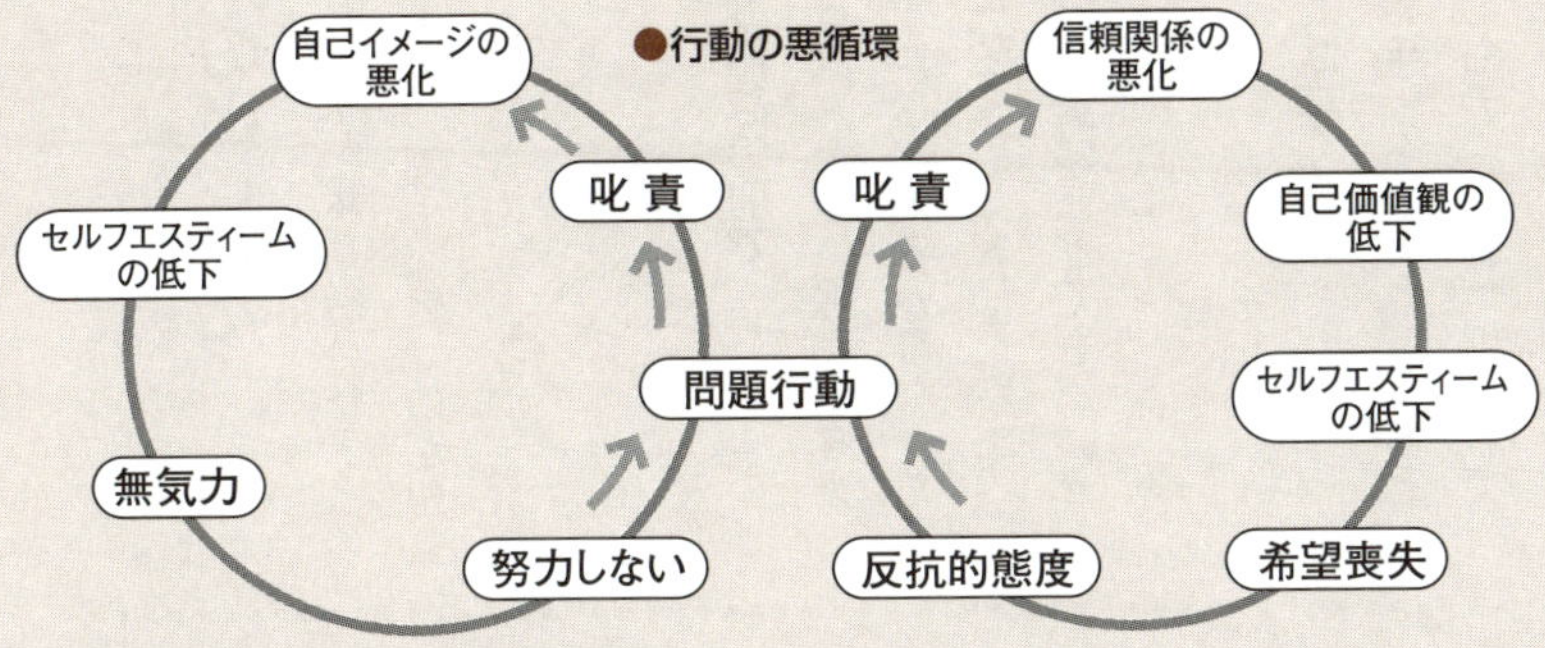

まず、好循環の「褒める」ところから見てみます。褒められると当然、信頼関係が深まります。そして、自己イメージが高まり、セルフエスティームが高まり、希望が得られます。すると、アドバイスや批判を聞き入れる態度も出てきて、好ましい行動が増えていきます。これが循環するためにどんどんよくなるということです。

好循環とは逆に、ひとつひとつの行動が次の悪い行動へと循環して繰り返されるのが「行動の悪循環」です。ADHDのある子どもたちは、みんなが普通にできることができず、しかられやすいためセルフエスティームが低くなりやすく、悪循環に入りやすくなります。これが最大の問題なのです。

では、悪循環を好循環に変えるにはどうしたらよいのでしょうか。まず、問題行動ではなく、好ましい行動を見つけて褒めるのです。褒められればだれでも「ぼく（わたし）ってすごいな」と思います。褒められることによって自己イメージは高まり、セルフエスティームが高まり、やる気が出て努力するという好循環に変換していくのです。子どもの心の傷の深さによっては簡単にいかない場合もありますが、負けずに続けてください。好循環を繰り返すたびに子どものセルフエスティームが前の循環より高くなり、少しずつでもよい変化が出てくると思います。

セルフエスティームを高めるために

褒めかたと効果的な指示の出しかた

セルフエスティームが下がり、悪循環が繰り返されると、二次的情緒障がいの心配が出てきます。園や家庭でのかかわりかたがセルフエスティームを上げるものであるか、次のポイントを見ながら、考えてみてください。

●注意は個人的に。褒めるときはみんなの前で

これをやるだけで子どもの反応はほんとうに違ってきます。他者評価が優先する社会ですから、他者からダメだと言われるとセルフエスティームが下がってしまいます。他者から受け入れられているという実感がとてもたいせつなのです。

●人格を否定しない。悪いのは人ではなく行動

小さな子は、しかられるとその相手から嫌われていると思ってしまいがち。大人は、子どもの「行動」に対してしかるわけですが、言いかたによっては子どもの心を傷つけてしまうのです。悪いのは行動であり、その子自身ではありません。それをはっきりさせるためにも、「あなたは何をやってもダメね」などという、その子の人格をさげすむようなことばは禁句です。

●指示は具体的に短く、穏やかに

ADHDのある子は、自分が悪いことをしていると気づかないことが多々あります。好ましくない行動をとるときは、感情的にならず、でもはっきりと伝えましょう。指示も「お友だちと仲よくね」というあいまいなことばではなく、「お友だちをぶたないようにしようね」と具体的なほうがよいでしょう。また、思いをしっかり伝えるためには、わかりやすいことばにすることがたいせつです。わたしたちは、ことばだけでなく顔つきやしぐさなど、いろいろな形でコミュニケーションをとり、メッセージを送っていますが、ADHDなどの障がいのある子の場合、それをうまく受け取れない傾向があります。したがって、褒めるときはわかりやすいことばにして褒め、注意するときには、「ほんとうは好きなんだよ。だけどこういうことをしてしまうのは悲しいね」というメッセージをつねにことばに入れることがたいせつなのです。

共感の公式

しかられ続けてきたような子の中には褒められ慣れていないこともあり、褒めことばをすなおに喜べない子がいます。そんな場合は、まず信頼関係を築くことが先決。そのためには共感することから始めてください。共感とは、相手の気持ちをともに感じること――相手の感情に焦点を当て、その感情を表すことばを口に出すことです。

共感を公式にすると、

「○○だから（感情の原因）、△△なのね（感情を表すことば）」

です。

3歳くらいの子の場合、なぜ自分が泣いているのか、わからないということがあります。そのとき「足が痛くて泣いているのね」とか、「ひとりぼっちで寂しかったのね」と言うと、ピタッと泣きやむことがあります。同様に、自分で感情の言語化ができない子には、「お友だちになりたいのに、いっしょにあそばないって言われたから寂しいのね」など、意識的にことばにするのです。自分でわけがわからずに興奮したり、イライラして乱暴したりする子の場合でも、そのイライラには必ず原因があるわけです。それを見極め、きちんとことばにして表現することで落ち着く場合がかなりあります。共感すること。これが信頼関係を築くための最大のポイントです。

（えじそんくらぶ　高山恵子）

case 4

D雄／5歳男児

クラスの集会中、じっとしていられない

保育者が話をしていると体を動かしたり離席したり、友だちに話しかけてふざけたりしている。何回注意をしても、同じことを繰り返す。

園での対応

子どもの状態に合わせた伝えかたを

クラスの集会中にじっとして話を聞くことができない場合、いくつかの理由が考えられます。

1. わざとふざけているわけではないが、注意・集中の持続時間が短く、すぐにほかのことに気をとられてしまう（話を聞いている最中にチョウが飛んできたら、すぐにそれを追いかけていってしまう……など）
2. 耳からのみ入る情報には注意を傾けていることが苦手なために、話を聞き続けることができない。
3. わざと大人の注目をひこうとしてやっている。D雄の場合、ふだんのようすから見ても、わざとふざけ

医学的立場から

動きの保障をしてあげて

まず、「どうしてもじっとしていられない脳もある」ということを理解してほしいと思います。ＡＤＨＤという診断が特につかなくても、じっとしているのが苦手だったり、いすをガタガタさせたり、ということを癖のようにやってしまう子はいます。そうすることで気分転換になったり脳の中のバランスをとっているのでしょうから、無理に止めようとすると、どこかにひずみが出てきます。

このような落ち着きを欠く多動傾向の子には、じっとさせるくふうではなく、「動いてもいい」という保障をしてあげるのが第1ポイント。「今から3つ話すよ……1つ……あ

て体を動かしたり、友だちにちょっかいを出したりしているのではないと考え、「どうしたら集中できるのか」から考えていきました。まず、耳からのみ入る情報に注意を集中することが困難なので、ことばだけの説明ではなく、絵や写真など視覚に訴える物を利用して説明することによって理解しやすくしていきました。

　また、いつも注意のことばかけを繰り返しがちになるので、D雄本人に気づいてもらえるようにサインをくふうしてみました。あらかじめ「そっと肩をたたかれたら、注意のサインだからお話を聞いてね」と話したり、静かにすることを知らせるペープサートを作って、集会のときなどに注意を向けられるよう、試みました。

　こうすることによってD雄は、少しずつ話に耳を傾けられるようになってきました。みんなと同じように参加するのが困難ですが、重要なのはそういう子どもの状態を理解してくふうしていくことだと思います。

と2つだね。2つ目……はい、次は3つ。最後の話だよ」とカウントダウン形式で見通しを持たせて話し、終わったら「みんなよく聞いてくれたね。じゃあちょっと歩こうか」というように、体を動かします。そして「はい、また座って」というように、動ける保障と、しっかり聞くというメリハリをつけていくのが第2のポイントです。

　また、注意されやすい子どもには、「できたら褒める」ではなく「今できていることを褒めていく」という対応がよいでしょう。「10数える間だけ、がんばってみよう」として、できたら、「えらいね。10数えてもじっとしていられたね」「じゃあしたは15ね」というようなスモールステップで、うまくいかないことは後回しにしてでも、できることに注目して褒めるのです。

　立ち歩いてしまうけど話はちゃんと聞いている子もいます。どこまでを許容できるかという問題もありますが、「多少いすをガタガタさせても、今しばらくは許そう」でいいと思います。あまり無理強いすると、その場自体がいやになって、飛び出してしまいます。そこが「楽しい所」で、そこにいる人たちが「自分にとって良い人」であることが肝心です。保育者はそこに所属することの喜びや、そこにいる人たちに「正しく」認められることの喜びを、この子たちに提供してほしいと思います。

column

多動な子どもたちの理解

ひと口に多動といってもいろいろな姿が見られ、また、「障がいからくる多動」だけでなく、「正しい行動を学んでいないことからくる多動」もあります。これらを理解したうえで、子どもひとりひとりに合った対応を考えていきましょう。

口の多動もある

どうしても体が動いてしまう子のほかに、しゃべり続けて止まらないという「口多動（おしゃべり）」の子もいます。

話したいことがたくさんあっておしゃべりになる以外に、自分の行動を実況中継してしまう「セルフトーク」、心の中のことば（心のひとり言）が口から漏れてしまうことや、話し続けるうちに、自分のことばが刺激になって次々と話が広がって止まらないという2つの状態について考えてみましょう。

絵をかきながら「バキューン」「ピシューン」などと言っている子がいると思います。これは絵をかきながら頭の中にこの音も浮かんでいて、無意識のうちにこの擬音が口から漏れているわけです。こうしたことは7歳前後までは、どの子にもよく見られるものだといわれています。ただ、小学三年生くらいになってもこうした行動を頻繁に示しているようだと、周囲からからかわれてしまうこともあるでしょう。

また、おしゃべりの止まらない子どももいます。「きのうのテレビおもしろかったね。おもしろいといえば、きのう犬とあそんだのよ。犬といえば……」と、次々と話題が広がり、自分の話を刺激にして次々に話が展開してしまうこともあります。

いずれの場合でも、本人に気づかせてあげることも必要です。「口チャックだよ」と言うことで、はっと気づいて一度は閉じます。でもすぐに忘れてまた開いてしまうことがあります。そんなとき保育者には、「黙って」ではなくて、「口開いちゃったね」と言ってほしいです。「口開いちゃったね、残念。今はチャックだったね」というような対応だと、行動を否定されるのではなく、じょうずにできなかったねとアドバイスされることになるので、子どもが受ける印象もずいぶんやさしくなります。また、保育の中で、マイクを持った人だけが話してほかの人は聞く、というルールであそぶのもよいでしょう。そうやって楽しみながら、徐々に社会的なルールを学んでいけるとよいでしょう。

「よい行動」をしっかり教えて

今、基本的な社会のルールを集団の中で学ぶ機会が少なくなってきています。電車の中で走り回っているからといって、すべての子がＡＤＨＤだということはありません。「できないのではなくて知らなかった、学んでいなかった」という子もかなりいるはずです。社会的ルールというものは、後天的に教えていかなければ身に付きません。ひとつずつルールを決めて、「はい、手はおひざだよ。あ、みんなよくできた。これがよい行動なんだよ」ということを教えてしまうのです。そして、それができたときには、「このクラス、みんなステキ！　えらいね、みんな」というふうに褒めましょう。「よい行動」「悪い行動」というのは社会的価値観です。おそらくこの子が大人になっても、このとき教えたことを続けることで、よい評価が得られるだろうと思うことは、長い目で見て教えていくべきでしょう。

就学前に身に付けてほしいこと

価値観が多様化しているためか、集団の中で座ったという経験のないまま就学する子がたくさんいます。しかし、学校はある程度座っていられないといけない世界。今のところ、いつでも走り回っていいという学校はほとんどないと思います。就学準備ということを考えると、座っていられる、その空間にいられるということがどうしても必要になるのです。子ども自身が恥ずかしい思いをしたり、頭ごなしにしかられたり、否定されたりすることのないよう、最低限のルールは学んでいたほうが得です。教室で先生の話を一定時間座って聞けるようにしていかないと、子どももおもしろくないし、人との関係が結べません。子どもたちにとって結果的にそれはいい方向に進まないということは、保育者も理解してほしいと思います。

（田中康雄）

case 5

E作／4歳男児

すぐに気が散って集中できない

ひとつの活動になかなか集中できない。友だちや、その子どもがやっていることが気になってしまい、しゃべったりふざけたりと、落ち着かない。

園での対応

気が散らない環境作りと保育的配慮を

周囲の物音や、人のやっていることに気を取られるあまり、ひとつの活動になかなか集中できない子どもがいます。ふざけていたり、悪気があってそうしているのではありません。このような子どもたちは、わたしたちが感じる以上に周りの刺激をたくさん感じ取ってしまうようです。

E作は、静かな所で大人と一対一でかかわると、落ち着いて活動に取り組む姿が見られました。そこで、E作が活動に取り組みやすい環境を準備してみることにしました。クラスのレイアウトを考えるときに、部屋の一部にコーナーを作り、仕切りを利用したり、壁向きに机を配置するこ

医学的立場から

集中する場での環境はシンプルに

ADHDなどの障がいを抜きにしても、最近集中できない子が増えている原因として過剰な情報の氾濫が挙げられます。子どもの場合、外から刺激があると、まず適応しようとしますが、情報が多いと脳はじょうずに処理できなくなっていきます。したがって、ある程度情報を整理し、遮断していかないと、子どもの内面的な力が伸びていかないということも考えられます。

このケースの対策としては、まず、園での対応のような気が散らない環境作りでしょう。パーテーションで区切ったり、机や棚の上にいろいろな物を置かない、使わない道

とによって、周囲からの刺激を遮断するようにしました。するとE作は、このコーナーでは落ち着いて課題に取り組むことができたのです。

しかし、一斉活動となると、必ずしも刺激を遮る環境を提供することができないため、気が散ってしまいます。その際は、できるだけ保育者の近くにE作を着席させたり、落ち着いて座っていられる子どものそばに着席させるなどの配慮をしました。また、周りに気になる物を置かないように留意し、気が散りそうなときには、「E作くん、今は○○しているのよ」と、やっていることに意識を向けられるように、ことばをかけました。

具などは扉つきの棚にしまっておき、必要なときに出す、というように、なるべくシンプルな環境にしておくことが理想です。どこもかしこもそういう空間にするということではなく、集中して何かに取り組むときに、そういう空間が必要になるということです。ただ、ADHDのある子の場合は仕切られることが苦痛な場合もあります。ある一定時間集中できたら「できたね。すごいね」と褒めることで、集中の経験やそれによる達成感を味わわせていくことがだいじです。

また、多目的ホールのようになんでも一か所で行わず、食事はここ、あそぶ所はここ、というように目的とする行動によって場所を決めていくことも、注意散漫にならずにその行動へ向かう気持ちを作る意味では効果的です。

なお、このように刺激に引っ張られることで集中しにくい子とは別に、刺激が脅威になる子もいます。集中したくてもいろいろな音や物が入ってきて、恐ろしい気分になってしまう子もいます。そのために、パーテーションで仕切られると落ち着くということもあります。刺激を避けるため、自分から段ボール箱の中に入ったり、カーテンにくるまったり、ずっとフードをかぶっていたりという子もいます。子どもにとって、環境はだいじなものであるということを忘れないでほしいと思います。

case 6

F恵／4歳女児

すぐに保育室から出て行ってしまう

室内で活動する時間なのに、保育室から出て行って、園舎内をウロウロ。室内にいても一か所に集中せず、次々とあそびを変えていく。

園での対応

なぜ出て行くのかを考えて、対応を

子どもが保育室から出ていく理由としては次のようなことがあるようです。

1. 保育室に興味のある物が見つからない、居心地が悪い、居場所が見つからないなど、「保育室にいたくないから出て行く」
2. いろいろな物に興味があってあちこち目移りしてしまい、「衝動のままに外に出て行く」
3. 経験不足でできないことが多く、「あそべないため外に出て行きたくなる」

保育者は、子どもの姿を観察して、その子どもがなぜ出

医学的立場から

責任を持ってその子につきあって

ウロウロしたり出て行ってしまう場合、保育者はまずはいっしょに動くことをお勧めします。そして「ここはさっき来たね」「みんな○○しているね」などと実況中継（説明）します。その場合、子どもの後をついていくのではなく、保育者が主導権を持ってともに歩いてほしいと思います。子どもといっしょに動きながらも、「これが終わったら部屋に戻るよ」と予告をしたり、「もうそろそろ○○をやる予定だから、戻ろうね」というように、徐々に友だち・集団のほうに導いてほしいのです。

とりあえず安全のために出て行かせないとか、形として

て行ってしまうのか、その理由を探ったうえで、適切な対応を考えていくといいでしょう。例えば、あそびが見つけられない子どもには、興味のある物をいっしょに探したり、居心地が悪いようなら、保育者との信頼関係を築くことから始めたほうがよいかもしれません。また、周囲の刺激を少し減らすなど、環境のくふうが有効な場合もあるでしょう。

F恵のあそびかたを見ていると、次々と違う遊具に手を出しては、やりっぱなしで、ひとつのあそびを完了させることができません。また、集中時間も短く、手先の細かい動きが苦手なため、折り紙や製作あそびなど、できないことがたくさんあって、苦痛に感じていたようです。

そこで、まずはF恵が興味を示したトランプであそぶことから始めました。室内あそびの時間は保育者がトランプあそびに誘うのです。そうやって、室内にいられる時間が増えてきたら、今まで集中できなかったあそびも少しずつ取り入れるようにしていきました。すると、できなかったことができるようになることで自信が付いたのか、室内でも落ち着いてあそべるようになってきました。以前のように外に出て行ってしまうことも少なくなりました。

そばにいればいいということではありません。勝手に出ないように鍵をかけたりするのでは、ただのイタチごっこ。子どもはどうやって逃げ出すかと考えるだけでしょうし、不快感を、物を壊したり大声をあげたりして処理しようとします。無理に押さえつけても、子どもはどこかでバランスをとろうとするので、どこかにしわ寄せがいきます。ただ、わけもわからずついてまわっているだけでは、何かやるたびに「あー、だめだめ」「危ない」など、禁止のことばばかりになり、その子はいつまでたっても満足できず、何がいいことか悪いことかという社会的なルールも理解しないままになってしまいます。

ひとりひとりで「かかる時間」というのは違います。急いで解決しようとか、今月中に軌道修正しようと焦らないでください。1～2年かかる子もいます。迷い、小出しにしながら、「どう？　そろそろ戻らない？　まだ、だめか……」なんて言いながら、「あしたはもう少し早く戻ってくれないかな。あと1時間くらい縮まらないかな」というようなことを考え、葛藤《かっとう》しながらも、責任を持って、その子とつきあうことがだいじなのです。そして、やっぱり「なかなかたいへんな子なんだよね」と園全体で認識して、その子への対応を共通理解とし、ひとりの保育者に任せきりにしないことがたいせつです。

case 7

G太／4歳男児

気になる特定の友だちに危害を加えてしまう

相手が何かしたというわけではないのに、自分が気になる子どもに突然飛びついたり、ひっかいたりする。何度も繰り返すので、相手の子どもはすっかり怖がってしまい、周囲の子どもからも非難される。

園での対応

一度集団から離れて、落ち着ける場所に

特定の友だちに危害を加えてしまう場合、その子どもなりに理由があるようです。例えば、「声が高い」「めがねをかけている」というだけで気になったり、ちょっかいを出すことで「泣く」という反応を求め、ついよく泣く子どもを攻撃してしまうこともあります。しかし、その子どもにとってどの部分が気になるのかは、わかりにくいことが多く、また、その「気になるポイント」は変化して、気になる相手が急に変わってしまうこともあります。ただ、どうにも気持ちをコントロールできなくて飛びついてしまったり、コミュニケーションの取りかたが独特で、うまくかか

医学的立場から

発散としての暴力を別の行動に置き換えて

その子が何を気にしているのかは、なかなかわからないものです。特定の色にこだわっている場合、色が目に突き刺さってくるように見えるからその色の服を着ている人はいやだとか、目の前を遮った物（人）がじゃまに思えたり、目に入った物が過去の不快な記憶と一致したりすると、それをなんとか取り払おうとして突き飛ばしてしまうこともあります。そうなると、気になる対象に慣れさせるよりも、まずは、そこから離したほうがいいでしょう。

一方、その子自身の不安やイライラが解消できずにその裏返しのように、攻撃してしまうことも考えられます。ま

わることができないために接近しすぎたり、それが高じて傷つけてしまったりするようです。

G太の場合、こうしたことが頻繁に起こり、相手の子どもが怖がるようにもなっていたので、できるだけその子どもと別の空間で過ごすようにしました。ひとりだけみんなから離すことは仲間はずれのように思われるかもしれませんが、同じ空間で過ごしている限りG太にとっては気持ちのコントロールができないのですから、こういう場合はみんなといっしょに過ごすのがよいとはいえません。悪い評価を受けてしまうだけでなく、G太のような子どもにとっては、いつも友だちといっしょにいるということが負担になることもあるので、集団から離れて落ち着ける場所で過ごす時間は必要だと思います。

傷ついた子どもにとっても、不安な思いをさせないよう配慮します。同時に、傷ついた子どもの保護者に対する説明（主に園の方針）や謝罪と、今後の対応方法を伝えることも必要です。関係者全員の理解が得られないままだと、G太が誤解されるだけではなく、障がいのある子ども全体が誤解され偏見を持たれてしまうことにもなりかねません。きっかけを逃さず、周りの子どもたちや保護者にていねいに対応し、理解を得る努力をすることがたいせつです。


た、イライラをいちばん手っとり早い方法で解消しようとすると、目の前のものを壊す、たたく、かむ、という行動として表現される場合もあるでしょう。

その発散方法が、まちがったあるいは好ましくない行動であれば、保育者には、それを別の好ましい行動に置き換えるという対応が必要になってきます。くすぐる、追いかけっこをする、ブランコに乗る、水まきをする、大声を出しながら歩く、壁にボールをぶつける、ロープにぶら下がって振り回してあげる……など、大きな運動は気持ちをリセットしやすくすることもあります。毎日の生活の中である程度一貫して提供できるメニューを考えるといいでしょう。気に入った「よりよい行動」で気持ちのリセットができることを学ぶと、子どものほうから「あれやって」と保育者に言うようになります。

行動の置き換えと同時に、情緒的な満足感を与えることもたいせつです。褒めたり、頭をなでたり、手を握るなど、スキンシップをすることで安心感を与えてください。当然緊張もほぐれてきます。もし、いろいろなことを試してみても、なかなかその子の行動パターンが図りかねるということであれば、さらに環境調整を検討するとともに薬の服用も含めて医療面での積極的な対応も考えます。

case 8

H朗／5歳男児

すぐにカッとして、周りの人に危害を加える

思いどおりにいかないとき、また時には理由もよくわからず、周りの大人や友だちをぶったりけったりする。そのため、クラスの友だちからは「すぐにぶつから嫌い」などと言われてしまう。

園での対応

行動の理由を探り、気持ちを理解して対応

なぜH朗はすぐにカッとして周りの人に危害を加えてしまうのだろうか？　H朗がそうなってしまうのは、どんなときなのだろうか？　と思い、H朗の行動の理由を知るために行動観察を始めてみました。すると、H朗がカッとするときには共通の理由があることに気づきました。それは、主に次の2つです。

1. 友だちが使っている物を貸してもらえないときに、無理やり取ろうとしてけんかになる。
2. 「○○しちゃいけないんだよ」と、自分のしていることを否定されて怒る。

医学的立場から

「よい行動」を、わかりやすく伝える

これまでの研究からは、攻撃的な行為は遺伝要因が約50%、環境要因が50%と考えられています。だからといって、「あの子はそういうタイプ。乱暴なタチなんだ」と決めつけるのではなく、「環境でその子が変わる可能性が半分ある」と考えるべきです。ここに、具体的な対応を検討する意味の大きさがあるわけです。

園での対応のように、共感はたいせつです。「ダメって言われて頭にきちゃったんだね」と共感し「今度頭にきたときは、すぐに先生のところに来てね」と伝え、保育者のところに来たら、「よく来てくれたね。そうか、悔しかったたん

1に関しては、「貸して」と言っても貸してもらえないときは待つように伝えました。しかし、ただ待たされるだけではいつ貸してもらえるのかわかりません。そこで「長い針がXになったら貸してもらおうね」と、時計を使って見通しを立てるようにしたのです。こうしてH朗は、待てば貸してもらえるということを学びました。いつも貸してもらえるとは限りませんが、「待つ」経験により、欲求を少しコントロールできるようになりました。

2に関しては、否定されると怒るという特性を踏まえて接することにしました。保育者はともすると「いけないことは伝えなくては」という一心で、まず「ダメよ」と制止してしまいがち。しかしそれでは、「理解してもらえていない」と感じ、怒りは増すばかりです。「○○してはダメ」としかるのではなく、「□□と言われて、怒っているんだね」とH朗の気持ちを代弁しました。こうすることによって、H朗は自分を否定されているのではないと感じ、落ち着くことができるようになりました。そこで、「でもね、○○すると△△だよね。だから、○○するのやめてほしいんだけどな」というように、行動の訂正を繰り返し促していきました。このような体験を重ねていくうちに、H朗は以前より怒りをあらわにしなくなり、友だちへの攻撃も減ってきました。

だね」などと共感し、暴力ではなく、違う方法についていっしょに考えていくのです。

また、すぐカッとする子の場合、勘違いで被害的にとらえている場合もあります。だれもそんなふうに思っていないのに、自分がしゃべろうとしたときに、ちょっとほかの子が動いたりすると「いつもあいつはそうだ。ぼくのじゃまをする」と思ってしまうことがあるのです。「あいつはぼくのことを嫌ってる。頭にきちゃう」と思ってたたいてしまう子もいます。そういう子でも、「あの子はそんなこと思っていないんだよ」と伝えることで、理解できる力はあります。保育者がどれだけわかりやすく伝えていくかということがだいじです。

例えば、ゲームで負けると、相手のことを「おまえなんか嫌いだ！」と怒ってしまう子。そんなとき「ゲームにはルールがあって、勝つこともあれば負けることもある。それは、相手が自分のことをよく思っているか思っていないかということとは別のものだよね」ということをていねいに伝えていくのです。カッとした行動を責めるのではなく、よりよい行動を教えていくこと、よい行動は認められ褒められることであることを、時間をかけて実感させていくことがだいじです。

column

子どもの攻撃性とそのかかわり

乱暴したり物を壊すなど、攻撃的な子どものようすが見られたとき、まず「なぜこういう行動をとるのか」というところに目を向けることがたいせつです。ここでは攻撃性の4つのタイプを解説し、それに応じたかかわりかたについて考えます。

4つの攻撃性

ここに挙げたのは、子どもの攻撃性を4つのタイプに分類したものです。それぞれの特徴を知り、子どもの行動を分析することで、かかわりかたの違いが見えてきます。

1．偶発的な攻撃性

敵意や怒りという感情がまったくない中で、たまたまほかの人を傷つけたり物を壊してしまう行為。偶発的で活動的である結果といえる。例えば、胎児が子宮を蹴る行動、歩き始めのころあちこちにぶつかりながら走る、ジャングルジムを登るときにほかの人の指を踏む、など。

2．感情表現としての攻撃性

怒りや欲求不満や敵意などがまったくなく、ただ楽しい、愉快という気分による行為。例えば、ほかの子が作った積み木のビルを、作った人の苦労など考えずに蹴飛ばし、崩れていくようすを見て満足する、など。

3．目的遂行の手段としての攻撃性

だれかを傷つけるつもりも、物を壊すつもりもない中で、要求を満たすための行為。相手に対する敵意は存在しない。例えば、だれかが持っているおもちゃが欲しいという要求が抑制できず、相手を突き飛ばしてでも、たたいてでも手に入れようとする、など。

4．敵意としての攻撃性

相手に対する怒りや敵対あるいは挑戦行為として出現する意図的な攻撃。敵意の感情が、自分自身が襲われるのではないかという強い不安感からくる場合もある。

暴力が繰り返される危険性

ケース7の「気になる特定の友だちに危害を加える」という事例検討では、「不安が強いことからくる攻撃」を想定して対応アドバイスを行いました（86ページ参照）。自分の力を誇示するとき、実はその力に不安を抱いている場合が少なくありません。自分自身が襲われるのではないかという不安感が強く、「やられる前にやる」という感覚ですね。

その場合、「こういう行動をすると、こう返ってくる」とわかっている相手に対して繰り返しがちになり、それが「いつもあの子ばかり攻撃する」という姿となって現れてしまいます。例えば、Aくんは攻撃すると必ず3発くらい返ってくるから攻撃しないけど、Bくんは攻撃しても自分に危害が及ばない。それでいて「一回突き飛ばすとそれまで自分の中でたまっていた不安やイライラが発散され、リセットできる」と学習をしてしまうということです。「緊張が高まる→暴力をふるう→すっと落ち着く→また高まる」というように暴力が繰り返されるようになると、その行動を一度しただけではすっきりしなくなったり、そのサイクルが短くなったりするという危険性もあります。ここまでくると、ケース7でも説明したように、沸きあがってきた緊張感を除去する別の方法を考えないと、その子は周囲からただの乱暴者として見られてしまいます。

思いが先走って攻撃してしまう

一方、ADHDのある子によく見られるのは、走り回ったり手を回していてぶつかるといった、周りに注意がいきわたらないことによる偶発的な攻撃行動です。また、何かあるとすぐにたたいたり壊したくなってしまうというように、思いが先走って結果が予測できないという状態もあります。この場合、どうしても周りが見えないという脳のつくりが問題なので、「よく見て、気を付けてね」と後から言ってもうまく伝わりません。対策としては、なるべくじゃまな物を排除した環境を作ったり、事前にその場の状況を伝えておくとよいでしょう。「もしかしたらあのAちゃんの積み木、壊すかもしれない」などと予測できる場合は、遠くから「あ、Aちゃんの見て。立派なのできたね」と一度それに注目させ、「Aちゃんが作ったんだよ」と理解させておくのです。また、手を出したときに、すぐ、「あ、今、先生見てた！」とその行動に気づかせることもだいじです。なるべく保育者がそばについて、その場ですぐに対応していくとよいでしょう。

このようなADHDの多動、不注意などからくる攻撃性への誤解を払拭するために、周囲の理解が得られるといいですね。保育者が、「今、見えなかったんだね」と言ってあげたり、「『これ、わたしが作ったのよ』と言っておくといいよ」などと周りの友だちに知らせておくと、中には「今度は気をつけようね」と、その子を励ましてあげられる子も出てきます。

（田中康雄）

case 9

I美／4歳女児

同年齢の子どもたちとうまくあそべない

同年齢の子どもたちとは、会話やあそびについていけないことからトラブルになることも多く、年下の子どもとばかりあそんでいる。

園での対応

友だちとのかかわりかたを、伝えるくふうを

同年齢の友だちとうまくあそぶことができず、年下の子どもとばかりあそんでいる子どもがいます。その理由は、

1. ことばが不足している
2. 相手の気持ちを理解できない
3. 乱暴
4. ルールが理解できない

などが考えられます。このようなことは、年齢が進むにつれ少しずつ理解できるようになっていきますが、それまでは、同年齢の子どもたちに追いついていくことが困難なために、自分にとってあそびやすい年下の子どもとあそんでしまうようです。

医学的立場から

かかわりたい気持ちがあるかどうかを見て

大人からは友だちとあそんでいるように見えても、I美にしてみればいちばん波長の合う子といっしょにいるということなのかもしれません。別に4歳だから4歳の子とあそべなくてはとか、4歳なのに5歳の子とあそべるなんてすごいとかいうことではないと思います。ただ、小学校に行ったら、ある程度同年齢の子とかかわれることがだいじになってきます。その時々の子どもの力がどのくらいあるのかということについて保育者は察知し、どのように介入するかを考えることが求められます。

また、友だちといっしょにいるからといって、いっしょにあそべているとは限りません。ただ、同じ場所にいるだ

Ｉ美の場合は、ことばが不足していたので、友だちから非難されるとそれに対して言い返すことができず、乱暴なことをして友だちを泣かせてしまうこともよくありました。そこで、Ｉ美が怒って乱暴をしようとするときには、まず、Ｉ美の気持ちを代弁してみることにしました。「○○して、悔しかったの？」「○○して怒っているの？」というように。今まで、大人に注意されてばかりだったＩ美は、自分の気持ちを代弁してもらうことで、すなおな気持ちになれたようです。そして、怒りを抑え、乱暴するのをやめることができました。そのときを見計らって、相手の気持ちをＩ美に伝えるようにしたのです。このような経験を繰り返すことにより、ことばが出ないために乱暴をするというＩ美の行動は徐々に少なくなってきました。Ｉ美のような子どもにとって、相手の気持ちを理解するのは難しいことです。保育者がその子どもの気持ちを代弁するなど、共感する体験を周りの大人が意識的に作り、適切な行動を教えていくことが重要だと思います。

けかもしれません。だとしたら、それは社会性の成長からちょっと遠ざかっているということなので、まずは保育者と一対一であそぶことで他者との関係性を学び、作っていかなくてはいけません。

子どもどうしであそぶ場合は、互いにある程度耐える力も必要です。大人は子どもの気持ちを汲んであそぶため、子どもどうしのあそびが成立しない子の場合、保育者のまわりをついてまわり、保育者とあそびたがります。Ｉ美の場合は、友だちといっしょにあそびたいという気持ちがあるわけですから、ちゃんと自分の気持ちを置き換えることができて、それが相手にわかってもらえれば、大人が介入し、気持ちを伝える橋渡しをすることで、あそびが成立し、意外とスムーズにいくかもしれません。

ただ、就学直前の段階でもこのような状態だとしたら、医療現場では、やはり理解・認知のつまずきがあるかもしれないと考えます。その場合、大人との会話がどのくらい成立しているのか、こちらが尋ねたことにどういうふうに答えられるのか、会話が成立しない場合も、不安が強いせいか、理解できていないのか、などを見ていくことになるでしょう。そして、その結果によっては、ことばのトレーニングが必要になることもあります。

case 10

J樹／5歳男児

友だちとまったくかかわらない

周りで友だちが楽しそうにあそんでいても、まったく興味がないようすで、かかわろうとしない。友だちから無理に誘われると、抵抗を示す。

園での対応

子どもどうしの力は大きいもの

J樹は、入園後半年くらいは友だちには関心がないようすで、いつもひとりであそんでいました。保育者が話しかけても、視野の中にさえ入れてもらえない感じで、家族以外の人はまるで風景としか思っていないようでした。ただ、保護者やきょうだいとはあそべていたので、人とかかわる力がないわけではないと信じ、話しかけるなどの働きかけは続けていきました。そのうち、少しずつですが、保育者とのかかわりもできてきたのです。

友だちとのかかわりについては、まず、小集団でのあそびを試みました。数人の子どもたちとかかわる機会を設け

医学的立場から

子どもへの働きかけは続けて

人とのかかわりかたについて、ふだんから保護者に聞いておく必要があるでしょう。例えば「親戚の家に行って、数か月ぶりに会ったいとこと、すんなりあそべてますか？」と聞くなど、人との関係性についていろいろと確認しておくとよいと思います。家族とは話すけど、外の人とは全然話さない、保護者のそばから離れない、ということであれば、対人不安、対人緊張が強くて、身近な家族との接点だけで、何とかがんばっている子なんだなと思います。

その場合、特定の保育者との関係を作っていくことがだいじでしょう。本人が反応しなくても、朝のあいさつはき

ていったのです。最初は、なかなかうまくいかないこともありました。そのつど保育者は、J樹がどんなことが苦手なのか、というようなことを、ほかの子どもたちに伝えていきました。すると、子どもたちはJ樹とかかわろうとし、中には、「J樹くんが好き」という子どもも出てきたのです。もちろん、大人の目から見て望ましくない接しかたをする子どももいますが、望ましい接しかたをしてくれる子どももいます。子どもは正直に、好きな子どもに寄ってきます。障がいがあるとかないとかではなく、何かの理由でその子どもにひかれ、好きだと思うからそばに来るようになるのです。

J樹自身、友だちにまったく興味がないわけではありませんが、つねに友だちを求めているわけでもありません。ひとりであそんでいたいときに、無理に誘っても混乱のもとになってしまいます。その子どもが今、どの程度人とのかかわりを求めているのかということを、ていねいに見極め、「ひとりだからかわいそう」という固定観念を持たないこともたいせつだと思います。

ちんとするなど、一貫した対応をしていく中で、徐々に認めてもらえると思います。保育者が風景としてしか見られていないと感じるのは、その子が自分で見る物を選択し、それ以外のものが目に入らないようにしているからでしょう。特に自閉症傾向のある子は、多くの情報が入ると処理しきれず、とても疲れてしまいます。なるべくシンプルにしておきたいというのが彼らの脳なので、「この場所にはこの人」と決めてしまえば、あとはもう風景でかまわないわけです。そうすると、風景がいくら話しかけたりかかわろうとしても、無視されてしまうでしょう。

それでも、その人との関係が実際に必要になれば、視界は広がります。自分のことを見てもらえないと思って、そっとしておくのではなく、「ねえ聞いて、見て」という働きかけをこちらから積極的に続けることが必要です。例えば、お母さんの隣に立って話をするなど、その子が注目しやすいところにいると見てもらえる場合がありますが、このような位置関係もたいせつです。自分の横にいるお母さんと向かい側の保育者とが話をしていたら、その子の注目は横にいるお母さんに向きやすいので、保育者の声はうるさいと感じるだけになってしまいます。なるべくお母さんとペアでその子の目に映るようにしたほうがよい場合もあります。

case 11

K助／5歳男児

一番じゃないと気がすまない

とにかく「一番」に強くこだわっていて、一番になれないと怒ったり泣いたり、パニックを起こす。

園での対応

順位へのこだわりか、場所へのこだわりかを見極めて

なんでも一番じゃないと気がすまず、友だちとトラブルを起こす子どもがいますが、一番といっても、

1．一番という順位にこだわっている。

2．一番の場所にこだわっている。

という2つがあります。

1の順位にこだわっている子どもに対しては、必ずしも、いつも一番がよいというわけではないことを説明します。ときには、友だちに一番を譲ることができた場面で、「ありがとう。○番目に並んでくれたのね」と声をかけて、譲ることができた子どもの姿勢に対して、保育者がプラスの注目をするとよいと思います。そうすることで子どもは、一

医学的立場から

大人の価値基準の見直しもたいせつ

子どもたちが一番にこだわるのは、もしかしたら、わたしたち大人が知らず知らずのうちに、一番というものに「良い」「優れていること」という価値基準を持っているからなのかもしれません。もちろんこれだけだとは思いませんが、大人の価値基準を見直してみる必要はあると思います。

そのうえで、いろいろな価値基準で評価することのよさを子どもたちに伝えていくことがたいせつです。特に「早く、上手に、安上がりに」だけではなく、「ゆっくり、じっくり、見栄えはよくなくても良いものが存在する」という価値基準を大人自身が持たないと、知らず知らずのうちに

番のときにだけ評価されるのではないことを学んでいくでしょう。保育者が注意したいのは、日常の保育の中で「一番」を評価しすぎないことです。

2に関しては、一番が評価の対象になるからではなく、一番目という場所にこだわっています。したがって、前述のような説明をしても、あまり効果がありません。全体の中で、その子どもが一番だと思っている場所がどこにあるのかという検討が必要だと思います。並ぶ場所で考えてみたとき、順番で取り合いになる場所に名まえやマークを付けてその子ども用の空間にすることにより、こだわる場所を保障することができます。

K助は2のケースでした。こだわる場所を保障してもらえるようになってからは、トラブルが減ってきました。けれども、すべての場面でK助の思いどおりになるわけではありません。どうしても期待に添わない場面もあるということも、ていねいに伝えていかなくてはなりません。ここをあいまいにしてしまうと、意に反することに対して、すべて自分の思いを通そうとしてしまい、「わがままな子ども」と誤解されてしまいます。生活全般の中でその子どものこだわりが保障できる部分と、できない部分のバランスを考え、できないことに関しては、すべての保育者が一貫した態度で伝えていくことがたいせつだと思います。

「もうできたの？　えらいね」「早くできたね、すごいね」などと言ってしまいがちになります。

K助のように、そうした価値よりも、パターンとして「ここじゃないといけない」という思いが優先している場合もあります。食事のときにどこから手をつけるかというパターンに似ています。するとそれを無理に変えるよりも、「こんなこともあり、あんなこともある」というように、いろいろなパターンを示していくほうが良い結果につながることもあります。園での対応のように、取り合いになるような場所については、名まえやマークを付けたいすを固定したり、日にちや曜日など一定のルールのもとでその位置を動かしたりすることで、わかりやすくしてあげることが必要かもしれません。

また、「思いどおりにしたい」という気持ちは、「思いどおりにならないことが不安だから」と考えてみると、子どもの行動をわがままというよりも「必死さ」として理解できるかもしれません。こだわりを強化する必要はありませんが、すべてを奪い取ってしまうことは、その子の不安や恐怖感を強めることになります。それは安心感を奪うことにもなるので、注意が必要です。

case 12

L恵／5歳女児

ルールが理解できない

負けると怒ったり、「つまらない」と言ってやめてしまったり。自分のつごうのよいようにやってしまい、友だちから「ずるい」と非難されたりする。また非難されたことで、ますます怒り出すこともある。

園での対応

予測されるトラブルについて事前に話しておく

ゲームのルールがわからなかったり、負けるとひどく怒ったりする子どもをよく見かけます。その原因には、ルールの理解が容易にできないことや、自分の感情を抑制する力が弱いことなどが考えられます。ルールを理解することが困難な子どもに対しては、始める前の説明を、ことばだけではなく視覚に訴えるくふうをしたり、実際にやって見せたり、練習をするなど、具体的な方法で知らせていくと理解しやすくなります。

また、かるたで自分だけ取ることができず怒ってしまうなど、ゲームによっては予測できるトラブルもあります。こ

医学的立場から

「勝ち負け」をどう伝えていくか

L恵はルールが理解できないのか、勝つことにこだわりがあるのかということを見極める必要があると思います。ルールがわからないということであれば、もっとシンプルなルールにすればいいですね。カードゲームなどになると、とても難しいので、ジャンケンなど勝ち負けがはっきりわかるものや、サイコロの出た目によって何かするというようなシンプルなものから始めてみます。

勝ち負けにこだわっているなら、「負けてもだいじょうぶ」ということをどう教えていくかです。「ゲームは勝つこともあれば負けることもある」ということを機会あるごとに教

れについても、事前に伝えておくのが有効です。そうすることで子どもは、負けたときの心の準備ができてくるようです。例えば、「負けると泣いてしまうのはどう思う？」「負けそうになるとゲームをやめてしまうのって、どう思う？」など、ゲームをする前に子どもたちに聞いてみます。すると、「泣くのはおかしい」「負けてもがまんする」などの答えが返ってきます。このように、子ども自身に考えてもらう機会を作るとよいでしょう。L恵の場合も、このように事前に話し合うことで、徐々にルールについて理解すると同時に、負けたときに自分の感情を抑制することを意識し始めました。

それでも、ルールに反することをしてトラブルになることがあります。程度にもよりますが、そういう場合は一度そこから離れてもらったほうがよいこともあります。無理やりではなく「負けて悔しかったのね」などと共感し、子どもの自尊心を傷つけないことばをかけつつ、落ち着いたところで、ルールについて話してみるということも、繰り返し行う必要があります。

え、自分の中で感情をコントロールしていく、負けることへの耐性をつけていくのです。保育者とのやりとりで、保育者が3回のうち2回は負ける。でもときどきは勝つ、というようにして、「今日は負けちゃったな。悔しいけど、いいや。あしたがある！」という態度を見せます。すると、L恵は「勝ってうれしい。でも、先生は負けたけれど怒らなかった。えらいな」と思えるかもしれません。また、「今度は先生勝つからね。L恵ちゃんは昨日もおとといも勝ったから、今日は先生勝ちたいな」というように、一日限りのことではなく、連続性の中で勝ち負けを体験していくという方法もあります。

勝ちも負けもいっしょだというふうにあやふやにするのではなく、勝ったらうれしい、負けたら悔しいという思いを持たせることはたいせつです。集団のゲームの中でも、「今日はAチームの勝ち！　やったね。Bチームは負けちゃった。悔しいね。でもあしたがんばろう！」と、保育者が態度で示していくことはだいじなことです。子どもたちの将来を考えたら、ちょっとしたいやなことは、幼児期からたくさん経験しておいたほうがよいと思います。

column

ソーシャルスキルとは

生きていくうえでたいせつな「人とのかかわり」。そして、人とかかわるうえでたいせつな「ことばの理解と表出」。この2つの力をはぐくむためには、どうしたらよいのでしょうか。「ソーシャルスキル」を通して考えてみましょう。

基本的ルールの獲得から

「ソーシャルスキル」とは、生活を円滑に行うためのさまざまなコミュニケーションや、集団での約束ごとに添った動きかたのことをいいます。軽度発達障がいのある子の場合には、このソーシャルスキルの獲得が難しく、結果として集団から外れてしまったり、ほかの子どもたちにからかわれたり、非難の対象になってしまいがち。そのまま成長すると、ますます人とのかかわりを持ちにくくなってしまうので、幼児期から意識的に教えていく必要があります。

ソーシャルスキルの必要性は、集団の中でこそ明確に表れます。家庭では見えづらく、保護者にとっては理解しにくい部分。そのため、園の集団生活ではぐくむことがたいせつです。

まず伝えたいのは、次のような基本的な事がらです。

あいさつをする／謝る／お礼を言う／断る／許可を求める／乱暴をしない／要求をことばや動作で伝える　など。

これらは、社会生活を送るうえで必要な、身に付けておかないと自分も周りも困るという基本的な対人ルールです。ただ、身に付くまでにはとても時間がかかるもの。日常のさまざまな場面で保育者がいっしょにやってみせるなど、繰り返し教え、伝えていく必要があります。

コミュニケーションを学ぶ

次に、軽度発達障がいのある子が人とかかわるうえで、ことばの理解と表出の問題を考えなくてはいけません。

例えば、飛んでいる飛行機を見て、「オレンジジュース！」と言う子がいたとします。それだけを取ると、「この子何言ってるの？」ということになり、すぐに「違うでしょ。飛行機でしょ」と否定してしまうかもしれません。しかし本人にとっては、以前飛行機に乗ったときにオレンジジュースを飲んだことが強く印象に残っていて、そういうことばが出たとしたら、どうでしょう。

ことばの表出には、必ずその子なりの理由があるはず。それをわかろうと努力することがたいせつです。保育者が否定することで、その子は周りから「変な子」と思われてしまい、本人も自信を失い、しだいにことばを出さなくなってしまう心配もあります。保育者は、その子がなぜそう言ったのかを想像したり保護者に聞いたりして、理由がわかったら、次に同じことを言ったときに、「Aちゃん、この間飛行機に乗ったとき、オレンジジュース飲んだんだって。いいね」などと周りの友だちに知らせます。子どもも「わかってもらえた。通じた」という満足感を味わうことになるでしょう。

ただ、それで終わりでは不十分です。「飛行機に乗ったとき、オレンジジュース飲んだのよね」と受け止めたうえで、「飛行機は何色だった?」「今度飛んできたとき見てみようか」などとやりとりしながら、飛行機から新しいことばや行動の広がりを作っていかなければなりません。そして、「今は、あの飛んでいる飛行機を見てみんなでワァーって喜んでいる」というその場の状況や、それにふさわしいことばが何なのかを学んでいくことがだいじなのです。

決まったことばを繰り返す

ある場面になると必ず同じことばを繰り返す、という子もいます。その場合、保育者はそのつど相づちを打たず、前もって「その話はここでは聞かないよ」「1回だけね」など、約束をしておくといいでしょう。コミュニケーションツールとしてことばを考えたときに、その場の雰囲気を考えずに同じことばを繰り返すのは、相手に不快感を与えることになると伝えていくべきです。最初は「なんで1回なんだー、もっとしゃべりたい!」とパニックになるかもしれません。しかし保育者が、き然とした態度で一貫した対応を行っていると、しだいに言う前に「1回だよね」と確認するなど、自分でコントロールできるようになります。

ソーシャルスキルとは

相手の気持ちを伝えるには？

広汎性発達障がいのある子は、相手の気持ちを理解しにくいことから、友だちとトラブルを起こしがちです。彼らは、相手の「いやな気持ち」はわからなくても、自分にとっての「いやな気持ち」はわかるので、それと重ねて覚えていくしかありません。例えば、友だちのおもちゃを取ってしまった場合、「そんなことして、Aちゃんはどんな気持ちだと思う?」と言われても理解できませんが、「あなたがこのおもちゃを取られたらいやな気持ちにならない?」と聞けば、自分の「いやな気持ち」として実感できます。そこで、「今のAちゃんもいやな気持ちになっているのよ」と伝えるのです。

これを1回ですぐに理解するのは難しいでしょう。何度も繰り返し伝え、「○○をすると、友だちはいやな気持ちになる」と、1つずつ積み重ねて覚えていけるようにしましょう。

（澤井晴乃）

友だちや保育者の姿から学習する

広汎性発達障がいのある子どもは、一見周りの子どもたちや大人のようすが目に入っていないようにも見えますが、何げなく目にしながら「こうするのか」と自分で見通しを立て、行動のしかたを身に付けていくことがあります。それを、「観察学習」といいます。

例えば、トイレに行く習慣が身に付いていない場合、午睡の前やお散歩の前などに「トイレに行きましょうね」という保育者の声かけで、周りの子どもたちがトイレに立つようすを目にし続けているうちに、理解していくということがあります。無理に学習の場を設定するのではなく、周囲で毎日行われていることを、何げなく見ている中で覚えていくのを待つ、という方法もあるのです。それは、子どものタイプによって見極めていく必要があるでしょう。

このようなことを考えると、広汎性発達障がいのある子の場合、座る所を一番前にするのではなく、比較的落ち着きのある子どもたちの近くにして、その子どもたちの言動が視界に入るようにするとよい場合もあると考えられます。そうすることで、周りにいる子どもたちがその子にとって、「どう行動したらいいのか」というモデルになるのです。

（東京小児療育病院　松岡清子）

なぜ「オウム返し」をするの？

広汎性発達障がいのある子どもによく見られるようすとして「オウム返し」があります。「お名まえは？」と尋ねると、「お名まえは？」と返すようなことを指します。会話として成立しないので、かかわる大人はイライラしてしまいがちです。しかし、この「オウム返し」をする子どもたちのほうが、実はとっても混乱しているということを、理解しておいてください。

言われたことばの意味が理解できないと、その子どもは混乱します。でも何か言わなくてはいけない！と思い、とりあえず今聞こえたことばを言って、その場を取り繕ったのだと理解してみたらどうでしょう。オウム返しは、その場のことばや状況が理解できないときに比較的よく出てきます。

また、心の中のひとり言が口から漏れていることもあります。これは「遅いオウム返し（遷延性《せんえんせい》オウム返し）」と呼びます。例えば、あそびの最中に突然「お片づけしましょう」と、話す子どもがいます。これは、あるときあそびの最後にお母さんや保育者に言われたことばの繰り返しです。そろそろあそびがおしまいというときに、以前言われたことばをオウム返ししたと理解してください。

このように、場面（行動）にセットされて記憶したことばが漏れる場合もあるのです。

いずれにしても、その場面でその子どもにとってはもっとも適切なことばを表出しているのだと理解してみるとよいかもしれません。

（田中康雄）

case 13

M希／5歳男児

あそびかたや興味に偏りがある

転がる物が好きで、ビー玉が転がるようすをいつまでもじっと見ていたり、文字や数への関心と理解が非常に高い。

園での対応

ほかのことにも興味を持てるような働きかけを

M希は転がる物を見るのが好きです。滑り台ではすべるよりも上から物を転がして、転がるようすをいつまでも見ています。室内では、ミニカーを並べてあそぶのが好きで、寝転がって、動かすミニカーを横から見ています。また、シンボルマークや文字・数字への関心がとても強く、すぐに覚えてしまいます。このように自分が興味のある限られたあそびを長時間、繰り返しているのがM希のあそびの特徴です。

知的なことに興味が偏っている場合、保護者もそれほど気にせずやらせてしまいますし、人とのかかわりについて

医学的立場から

集団の中での生きやすさのほうに目を向けて

興味の偏り自体がいけないことだとは思いません。ただ、それでその子が対人関係のつまずきや、人との折り合いで生きにくさを感じていないかどうかはだいじなことで、じょうずに友だちともあそべているのなら問題ないと思います。しかし、アルファベットばかりにこだわって、保育者が何を言っても「ちがう、Aって書いて、A！」などと言っているようなら、いずれ友だち関係においても支障をきたすだろうし、広がらないでしょう。たいせつなのは、その子の興味の持ちかたと同時に、集団の中での生きやすさを点検しておくことです。

の不安などは、家庭のようすからはあまりピンとこないようです。家では、ひとりでじっくりとあそべているので「手がかからない。おりこうさん」としてとらえていることも多いものです。

このような場合、本人が興味のあるあそびを理解し、準備するのと同時に、それらのあそびにだけ偏らないようにしていく配慮が必要だと思います。興味のあるあそびだけをしていると、偏りがでてきてしまい、できないことはいつまでたってもできないという状況になりかねないからです。

そこで、園では、日常生活の中で、体全体を使うあそびや、手先を使うあそびを積極的に取り入れるなど、経験する活動の幅を広げていくようにしました。

ある意味、こだわりの世界というのは、その子にとっての安心材料ですから、毎日、どこかで好きなことをやる時間を保障してあげてください。そして、「今はアルファベットを書く時間じゃないから、これであそぼうね」という折り合いがつけられればいいわけです。

また、保護者に対しては「園ではこんなことも経験させたいと思っているので、『ごめんね。今はできないんだ』と言うこともあるんですよ」と、園での対応についてさりげなく話してもよいと思います。

物にこだわり、他人への興味がないように見えるので、自閉症傾向のある子どもは人とかかわりたがらないと考えられがちです。しかしそれはまちがいだと、自閉症のあるかた自身が言っています。人とのかかわりかたがわからない。かかわったときにどういう反応が返ってくるのかわからないから近寄らないのだそうです。それよりもこだわりの世界のほうが安心できるわけです。保育者が間に入ることで狭いながらも友だち関係はできます。こだわりをたいせつにしつつも興味の幅を広げ、時間をかけてでも、人との関係を積み上げていくことはとてもだいじなポイントでしょう。

column

自閉症のある子のこだわり

自閉症のある子の「こだわり」については、なぜそれにこだわるのか、なぜそういう行動をとるのか、ということを理解することで、かかわりかたも見えてきます。「わけがわからない」と思わずに、子どもの気持ちに寄り添ってみてください。

その子にとって「こだわり」とは?

自閉症のある子の気持ちのベースにはつねに不安があり、秩序だったものや変わらないものを頼りに何とか心を安定させて生活しています。あいまいなものを理解するのが難しいので、文字や数字、物の名まえなど、だれが見てもAはAというような普遍的なものが好きなのです。きれいに並んだり、変わらないリズムで動く物もまた安心材料になっています。物を転がす、一列に並べて横目を使って見る、数字や文字をずっと眺めている、という行動は、自閉症の特徴として挙げられる「こだわり行動」のひとつでもありますが、不安定になるとこだわり行動が多くなるのも、それで彼らなりに気持ちのバランスをとっているということなのです。

自閉症のある子が、中学入学と同時に不安になったというケースでは、入学式が終わるといちもくさんに家に帰り、まずトイレの水を3回流し、風呂場に行ってシャンプーやボディシャンプーを一列に並べ、自分の部屋に行って消しゴムを一列に並べて、やっとほっとしたということがありました。強い不安にかられたとき、このように水を流したり何かを並べたりすることで、「あ、世界は変わっていなかったんだ」と確認し、安心するわけです。そう考えると、こだわり行動を無理にやめさせたり、「だいじょうぶ！　気にしない！」などと周りにいる人が簡単に言ってすませることはできないと思います。

同じ座席、同じ日課、同じ道順、同じおもちゃ、同じあそび……そういう安心できるものを、彼らはつねに探しているのです。

儀式的行動

登園すると、各保育室や、職員室、トイレ、というようにひととおり見てまわらないと、自分のクラスに入らないというような、儀式的な行動を自分に課している子がいます。これも、「今日も変わっていない。同じ園だ」と確認するためのパターンで、自分を安心させる行動です。彼らは、きのうはあったから今日もあるとは思いません。きのうはきのうで終わって、今日はまた変わっているかもしれない。ひよこ組がきりん組になっているかもしれない。そうしたら、どうしよう！　と思ってしまうのです。

そんな気持ちを理解し、気長につきあっていける保育者がいたとしたら、その子にとってその保育者は、安心できる存在になるでしょう。マニュアル化して「自閉症というのはこうですよ」と語る前に、人としてその子のことをよく知り、どう支えたらよいかを考えてほしいと思います。

パターンを変えていくには？

子どものこだわり行動については、それが心のよりどころになっているのですから、ある一定時間は好きなようにやらせてあげることも必要です。ただ、朝の見回りなどパターン化した生活の流れについては、成長とともに少しずつ変化させていきたいと思うことがあるでしょう。自閉症のある子の難しいところは、一度作ってしまったパターンを変えるのは、とてもたいへんだということ。少しずつ、段階を踏んで、ということになります。

パターンを変えるといっても、本人の「こうあるべき」という思いをつねに明確にしたうえで、あくまでも「見通しのつく範囲」で行うべきでしょう。

例えば、前述の園内を見回る子どもの場合、見回る順番を決めておきます。「今日の見回りの順番」として、紙に1番、2番、3番と書き、それぞれの番号の下に園長室、職員室、トイレというようにその絵や文字を入れていきます。そしてその紙を確認しつつ見回ります。次の段階では、本人が番号の下の場所を決めます。自分で行動を決めてもよい、変更してもよいという自由さを経験させるのです。そして、しだいに子どもと保育者がいっしょに計画を立てたり、「今日は2番までしかできません」という制限を設けるなど、絵や文字で説明して理解してもらうようにします。多少の行動の変化が、その子の不安を大きくしないようであれば、その子のパターンは広がっていくと思います。

くれぐれも説明を省略したり、無理強いしたりして、わかりにくい対応をしないことです。安心を提供するにはたくさんの時間が必要ですが、不安を引き起こすのは、ほんの一瞬のことです。

ひとつずつ、ていねいに行動を積み上げていくようにしていかないと、自閉症のある子に新しい行動は身に付いていきません。対応する保育者との信頼関係を築いたうえで、子どものようすを見ながら、少しずつ進めていくようにしましょう。


（田中康雄）

case 14

N佳／4歳女児

体のコントロールがうまくできない

片足跳びでバランスを崩す、両足ジャンプで足がそろわないなど、体の動きが、全体的にぎごちない。また、はさみがうまく使えないなど、手先の細かい動きも苦手。

園での対応

その子どもの課題を見極め、療育的対応も

N佳は、歩くときにつま先立ちになってしまい、バランスが悪く不安定です。平均台では、まっすぐに歩くのが難しく、バランスを崩して落ちてしまいます。また、片足立ちをすると、体全体が揺れてしまい、静止していることがとても困難です。

一方、手先の細かい動きも苦手で、やる気は人一倍あるのですが、コントロールがうまくとれません。小さい物をつまむと、落としてしまうことがよくあります。

N佳は、興奮しやすく気も散りやすい子どもだったため、医師から「一日のうちで落ち着いて過ごせる時間を意識し

医学的立場から

苦手意識を持たせず、達成感の体験を

今まで運動における不器用さは、「運動オンチ」で片づけられることが多かったのですが、最近になって、そこには軽い発達のアンバランスさが隠れていると理解されるようになってきました。たいせつなのは、根性・努力の世界ではなく、脳の指令がうまく体に伝わらないために、本人の努力をもってしても乗り越えにくいことがあるという理解です。

歩くとき右手右足がいっしょに出てしまう、三輪車がこげない、はさみが使えないなど、園生活でもいろいろな場面でつまずきがあり、小学校に入ると、リコーダーがふけ

て作ってみて、今後のようすを見ましょう」と、アドバイスを受けていました。

園では、このアドバイスに従いながら、体全体を使う運動（粗大運動）や手先を使う細かい運動（微細運動）に取り組む機会を作っていきました。すると、手押し車の運動ができなかったN佳が、毎日「チャレンジの時間」というメニューを設定して、あそびながら練習を積み重ねたことでできるようになったのです。こうして、苦手な運動でも、楽しく繰り返すことで、少しずつですが、できるようになるとわかりました。今後も療育機関との連携を密にして、個々の課題を理解し、園でできる個別サポートについては、積極的に取り入れていきたいと思っています。

ない、大なわとびで入るタイミングがつかめない、三角定規の角を合わせることが苦手、コンパスがうまく使えない、ということも出てきます。こういった不器用さは、集団の中では、みんなと同じことができないといった形でクローズアップされますが、大人になるとあまり問題視されなくなります。「小学校のとき、なわとびができなくってさぁ」と言っても、なわとびが入社試験に出ることはなさそうだし、一日一回なわとびをする仕事もないでしょう。ほかの部分で、周りから賞賛されたり自己評価が高まって成長していけば、それができなくてもあまり問題にならなくなることでもあるのです。むしろ、できないということで非難され、自己評価が落ちてしまうことや、恥をかいてしまうような場面を設定されることから生じる二次的問題のほうが心配です。

そういった二次的なつまずきをなるべく減らすためにも、粗大運動や微細運動のバランスをじょうずにとる練習として、感覚統合療法（110ページ参照）は有効です。ただ、本人のやる気、やってみようという思いがないとうまくいきません。「楽しく、繰り返せる」ことが重要です。保育者としては、苦手意識を持たせず、手を貸してでも「うまくできた」という達成感を体験できるようにすることで、積極性を養っていってほしいと思います。

column

感覚統合療法とは

脳の指令がうまく体に伝わらないことから生じる不器用さ。このようすが見られる子どもたちには、感覚統合療法が効果的です。園で取り組むうえで注意したいポイントや具体例をご紹介します。

感覚統合って何？

体のバランスが悪く、手先が不器用というのは、脳の機能の問題からくる軽度発達障がいの特徴のひとつです。これは、家庭にいると気づかず、園などの集団生活を経験して初めて課題が明確になるということも多いようです。

わたしたちはふだん、多くの感覚刺激を脳できちんとまとめて、環境に適応した反応を示しています。適切な反応を示すには、感覚刺激を脳で正しく整理しなくてはなりません。このように、「整理（まとめて処理することをいい、「組織化する」ともいう）して適応行動につなげること」を「感覚統合」といいます。「感覚刺激」とは五感（触覚・味覚・嗅覚・視覚・聴覚）や前庭覚《ぜんてい》（バランスをとる感覚）、固有感覚（自分の体をどれくらい動かせばいいかをコントロールする感覚）などを指します。

その子がうまく動きがとれないのはなぜなのか、情報を取り入れるところに問題があるのか、それとも情報を処理するところに問題があるのかなどを探り、その子の苦手な部分を、あそびなどをとおして改善することを目的としているのが、感覚統合療法です。

保育の中でできること

療法と聞くと、療育の専門機関でないとできないと思うかもしれませんが、そんなことはありません。はさみの使いかたなど、よくよく考えれば、園で初めてその道具を使うとき、保育者が子どもたちに指導している内容と同じです。それを、その子の力に合わせて、初歩的なところからゆっくりとステップアップしていくという方法で、「今、この子は年長だけど、3歳ぐらいのレベルに戻してやってみよう」という発想なのです。

ただ気を付けたいのは、保護者から「園でやってくれているからいいわ」と園での対応だけで十分だと誤解されてしまうことです。保護者からは同じことをやっているように見えたとしても、子どもの感覚刺激の処理のつまずきをきちんと評価するためには、専門家による判断が必要です。例えば、ブランコに乗れない子がいたとき、「この子はブランコに乗れないからひたすらブランコに乗る練習をする」というのではなく、療法士は、その子がブランコに乗れない原因を神経学的なところと結び付けて考えます。そして「体のバランスをとる感覚に問題があるのではないか」などと、その原因を探りながら、その子のメニューを考えていきます。また、そういった練習の積み重ねによる育ちを確認する発達検査も、理想的なのは、療育機関では行っています。

そのため、理想的なのは、保育者と療法士が連携して、お互いに情報交換をしながら、その子への対応をいっしょに進めていくことです。療法士が取り組んでいることを保育者にも知ってもらい、毎日の保育の中でそれを少し意識してもらえるだけでも、その子の育ちにとってとても大きな効果をもたらします。また、療法士も、その子の園でのようすを知りたいと思っています。保護者にもぜひ、その子により適切なケアをしていくためには、療育と保育と家庭の連携がだいじだということを、理解してもらいましょう。

感覚統合療法とは

感覚統合療法の実践

あそびをとおして、子どもたちの苦手な部分を練習する、その具体例を紹介します。園でもすぐに行える内容なので、子どものようすを見ながら、療法士と相談のうえ、保育に取り入れてみてください。

※ここで挙げたのは、ほんの一例です。子どもの姿に合ったものを療法士と相談し、取り入れていきましょう。

●粗大運動

体全体を使う運動。このような運動で、特に前庭覚や固有感覚を育てて、動きのバランスをとったり、自分の体をどう動かすかを知る練習をしていきます。その子が楽しみながら自主的に行える内容とサポートを考えましょう。

〈例えばこんな運動を〉

- ・ロープの上を歩く
- ・体をねじって魚釣り
- ・段ボールの中に入って進む
- ・綱引き
- ・ぞうきんがけ
- ・でんぐり返し　など

●微細運動

手や指を使う細かい運動。「手先が不器用」とひと口に言っても、その原因は筋肉の問題以外にもいろいろと考えられます。まずは「なぜできないのか？」を分析し、それに合った練習をしていくことが重要です。できたときにはその場ですぐに褒めて、達成感を味わえるようにしましょう。

〈なかなか落ち着いてできない場合〉

個別に時間を設け、あまり刺激のない落ち着いた空間で、大人と一対一で行う。

〈自分の手指《しゅし》認知ができていない場合〉

手と指が別々というイメージが不十分でうまく使えない状態なので、まずは、自分の手と指の存在に気づかせていく。例えば、シェービングクリームを自分の手に付けて広げ、そこに指で絵をかいて、自分の手を感じる、など。

〈触覚に問題がある場合〉

手に物が付くことをいやがったり、不安に感じたりするため、「おもしろい」と思えるあそびに変えていく必要がある。例えば、粘土あそびや、フィンガーペインティングなどの感触あそびを取り入れると有効。ただ、あまりにいやがっているときは無理強いせず、ポリ袋を使い直接肌に触れないようにしたり、おしぼりをそばに置いておき、「いつでも拭いていいよ」とするなど、その子の受け入れられる範囲を保育者が見極めることが重要。

〈手首がしっかりしていない場合〉

握る力、つまむ力など、手首を使って力をコントロールするのが難しい子は道具の操作も苦手。例えば、ぶらさがる、せんたくばさみをとめる、手押し車をするなど、手首をしっかりさせるようなあそびを取り入れることもだいじ。

（日本リハビリテーション専門学校　原國優子）

case 15

〇志／3歳男児

疲れていても眠れない

午睡時になかなか寝つけず、眠る寸前まで、ずっと体が動いている。
また、午睡時に眠れなくても、夜遅くまで起きていたり、夜中に目を覚ましたりする。

園での対応

家庭と協力して生活リズムを作っていく

体は疲れているのに午睡できない、午睡をしないのに夜遅くまで起きている、夜中に何度も起きたり、朝早い時間に目を覚ましてしまうなど、睡眠のリズムが不安定な子どもがいます。

〇志は、午睡時になかなか寝つけず、寝つく寸前まで体がずっと動き続けています。午睡をしないと、夕方に数時間眠ってしまうので夜更かしになったり、かと思うと、午睡をしなくても夜遅くまで起きていたりと、睡眠のリズムをつかみにくく、保護者も苦労していました。

医学的立場から

睡眠の習慣は意図的に整えて

一般的に軽度発達障がいのある子というのは、睡眠のリズムが乱れやすいようです。一日が24時間周期で動いておらず、眠くなったら寝るという子も多いのです。疲れていても眠らないということなら、考えられることは2つ。「楽しくて楽しくて、起きていたいという気持ちが優先している」状態か、「眠ることに不安・恐怖感がある」場合です。自閉症傾向のある子だと不安感が強く眠れないことがあります。ちょっとした精神不安定な状況が響くと眠りが悪くなり情緒的にも不安定になりやすいことがあるので、時に

そこで、園では、どうしても眠れない場合は無理強いせず、別の部屋で静かに過ごせるように配慮をしながらも、日中に散歩や体操を取り入れて、体を動かす機会を積極的に作っていくようにしました。そして家庭では、夕方に寝てしまうときは起こさずに朝まで寝かせておく、入眠時間にかかわらず、毎朝決まった時間に起こすというように協力してもらいました。すると、数か月たつうちに、O志の生活リズムは少しずつ安定してきました。睡眠のリズムのように生活全般にかかわることは、家庭との連携を欠かすことができないと思います。

午睡については、園の事情や考えかたで、対応のしかたも分かれるところだと思いますが、子どもたちひとりひとりの生活リズムを見通して、その子どもにとって午睡が必要かどうかを考えていくことが重要だと思います。

は薬が必要な場合もあります。

しかし、O志の場合は、寝る寸前まで体が動いているとか、午睡をしなくても夜遅くまで起きているということなので、発達の幼さからくる生活リズムの不安定さと、ちょっとした刺激で起きていたい気持ちが優先されてしまうというような、睡眠リズムの問題と気持ちのコントロールがうまくとれないということではないかと思います。基本的に睡眠のパターンというのは成長とともに安定してくるので、時間がたつと問題がなくなることが少なくありません。

睡眠時間は人によって違います。子どもでも4～5時間で十分な子もいれば、12時間寝ないとダメな子もいます。時間が長ければいいということは一概にはいえません。ただ、入眠が夜中の12時を過ぎてしまうと疲れがとれないといわれていますし、夜眠っている間は脳がクールダウンできて脳の中の記憶の整理ができたりすることもあるので、一定時間しっかり眠ったほうがいいとは思います。

睡眠の習慣をつけるためには、ある程度意図的にリズムを整えていくことが必要です。寝る時間よりも起きる時間のほうが調節しやすいので、まずは園の対応のように決まった時間に起こすことから始めましょう。

case 16

R人／3歳男児

五感が非常に敏感でこだわりがある

冷たい食事は食べない、においに敏感、のりに触るのをいやがるなど、感覚が過度に敏感。

園での対応

何がいやなのかを探り、不快をなくす対応を

R人は、今までよく食べていたのに、冬ごろから急に給食をいやがるようになってしまいました。以前によく食べていた物さえも食べなくなってしまったのです。いったい、何が原因なのか見当がつかずに、何日も過ぎていたある日、突然、熱いうどんを食べ始めました。それを見て、「熱い物だから食べているのではないか？」と気づいたのです。冬になるころから、今まで温かかった食事が、配膳するうちに冷めていたのですが、舌が敏感なR人には、それが耐えられないことだったようです。翌日から食事はよく温めて準備することにしました。すると、R人は今までどおり、給食をよく食べるようになったのです。

医学的立場から

安心できる関係作りがたいせつ

特定の何かにとても敏感で、それに対してすごく恐怖感を覚えるなど、独特な感覚障がいのある子がいます。これは自閉症のある大人のかたがよく言うことですが、物が迫ってくる、襲われるような感覚だそうです。ガラスをひっかく音が苦手な人は多いと思いますが、耳元で、毎日ガラスをひっかかれている、日々そういう思いにさいなまれ続けていると想像してください。そう考えると、わがままということよりも生理的に受け付けないことだと思えるでしょう。その子にとっていやなことがあるときは、外に出るなど避難してもいいことにするというように、その場をやり過ごすしかないと思います。

のりが手に付くのをいやがる、粘土に触れるのをいやがる、プールの水が顔にかかるのを怖がる、スピーカーから曲が流れると耳をふさぐ……わたしたちが感じている以上に、感覚が敏感な子どもたちがいます。このことをよく知り、いやがることに無理に慣れさせようと思わず、ひとりひとりに合った対応を考えていくことがたいせつだと思います。

将来のことを考えて、慣れさせようとすることもありますが、3〜4歳でパニックになるような状態の子に、慣れろというのは時期尚早かもしれません。自閉症傾向のある子の場合、ベースにあるのは不安感です。行事などで花火は上がるわ、スピーカーから大きな音が鳴るわ、ということだったら、「あんな所行きたくない！」となってしまいます。慣れさせるより、その場がその子にとって安心な場所になっているかを考えるほうが先でしょう。運動会のヨーイドンの鉄砲を旗の上げ下ろしに変えるなどの配慮も考えられますね。

成長とともに、自然に気にならなくなることもあり、小学生くらいになると、「いやだけど、がまんしなくちゃ」と思って、すごくまじめにがんばる子もいます。でも、それもがんばった報いがあることが前提です。先生が好きだとか、学校が好きだとか、ここでがんばるのがいいことなんだと思えるような下地がなければやらないだろうと思います。その辺の下地をどう作っていくかというのは、ある意味、人とのよい関係性です。自分のことをわかってくれる保育者がいれば、その保育者がそばについて、「だいじょうぶだよ」と声をかけることで、落ち着いていられるようになるかもしれません。

column

感覚過敏にどうかかわるか

保育現場で、触覚、味覚、嗅覚、視覚、聴覚など、ある感覚に対してとても敏感な子に出会い、対応にとまどう場面は少なくないようです。軽度発達障がいのある子にとって「感覚過敏」がどんなもので、どのような配慮が必要なのか、考えてみましょう。

何がいやなのかを探って

この音はいや、このにおいがダメ、この感触ががまんできない、というように、特定の刺激に対して敏感さを持つ子がいます。これは「感覚過敏」と呼ばれる軽度発達障がいの特徴ですが、刺激の受け止めかたによってはかなり激しく抵抗を示すことがあるため、保育の中でも対応に悩む場面が出てくると思います。

まず、何か不快なようすが見られたら、「この子は何をいやがっているのだろう?」と考えてみることがたいせつです。耳をふさいだら、「あ、この音がいやなのかな?」とか、いつもお昼前になると「くさい」と言う子には、「給食のにおいが苦手なのかな?」などと、その子のようすから刺激の原因を想像していきます。洋服のタグの感触をいやがる子は結構多く、「ちくちくする」とか「ここが変」と言う子の場合はすぐにわかるのですが、ことばが出ない子の場合は保護者に聞いたり、「今日の洋服は新しいな」というところから、「もしかしてまだタグを取っていないのかもしれない」と想像したり、ありとあらゆる可能性から、その子の不快の原因を探ります。

そして、原因がわかったら、可能な限り不快の原因を取り去る方向で考えましょう。どうしても無理な場合は、その子の好きなもの、好きなあそびなどで気分転換を図ったり、いったん刺激から遠ざかったりということでもいいでしょう。

偏食への対応

触覚の過敏さが原因で偏食が見られることもあります。口の中が敏感なため、ある食べ物の触感をいやがったり、冷たい、熱いということに異常にこだわったりすることがあります。味覚に対して敏感だと、「○○食品のみそ汁でないと飲まない」というように、食品メーカーにまでこだわってしまう子もいます。

また、見慣れないものに抵抗を示すことから、決まったものしか食べられなくなってしまうということもあります。おかずにはまったく手を出さず、白飯しか食べないという子もいます。

偏食の原因が感覚過敏でも、新しいものへの抵抗（これは視覚過敏かもしれませんが）であったにしても、かなりの偏りがある場合は、成長・発達面においても心配になり、何とか食べられる物を増やしていきたくなるものです。しかし、軽度発達障がいのある子の拒みかたは、いわゆる好き嫌いと違って、かなりかたくななため、保護者でもなかなか広げられません。家庭での指導を無理に求めることで、保護者が過剰なストレスをためるより、まずは園での段階的なかかわりをくふうしてみましょう。

子どもの食の幅を広げたいと思ったとき、周りの友だちや保育者のおいしそうに食べているようすを見せて興味を持たせたり、少しずつに分けて「どっちを食べる？」と選ばせたりする、といった方法を行っている保育者も多いと思います。多くの子はそれで少しずつ食べられるようになってきますし、また、食べてみたらおいしかったという経験によって、いきなり好きなものに変わってしまうこともあります。

しかし、軽度発達障がいのある子の場合は、なかなかうまくいきません。ただ、かかわりかたの基本はほかの子と同じですから、スプーンのちょっと先だけとか、ほんのひと口から始めるなど、段階をより細かくし、スモールステップで行っていきましょう。焦らず、無理強いをせず、時間をみかたにしてください。

（澤井晴乃）

1年の保育の流れで気を付けたいポイント

子どもたちは、園生活を送る中で、環境の変化や行事など、日常と違うできごとに遭遇します。どんな場面でつまずきやすく、また、そのとき保育者はどのような対応をしたらよいのか、1年の保育の流れをとおして見ていきましょう。

春　入園式

子どものようす

●「初めての場面」にとまどいを見せる

着ていくもの、保護者の服装、経験したことのない儀式など、非日常的なことばかりで見通しが持てないため、不安を感じて落ち着かなくなり、パニックになってしまう子どももいる。

保育者のかかわりかたのポイント

●見通しを持たせる

・あらかじめ障がいがあるとわかっている場合、保護者に、数日前から、どこで何が行われて、何を着ていくか、またそれはその日だけであることなどを予告しておいてもらうようお願いする。ただ、伝えることが多すぎると理解しにくいことを、あわせて伝える。

●「みんなといっしょ」を求めない

・集中できずに動きたくなったら、無理にみんなといっしょにいることを求めず、会場から出て過ごせるようにする。また、保護者といっしょのほうが落ち着けそうなら、それもよしとする。

・障がいがあるとわかっている子どもの保護者には、当日、子どもにとってどれだけ不安で苦痛な状態に置かれるかを伝え、「無理をさせたり、悲観したり、怒りを感じたりしないで」と話しておくとよい。また、場合によっては「入

●うれしくてはしゃぎすぎてしまう

友だちや保育者といっしょにいるのがうれしくて、はしゃぎすぎてしまう。周囲が止めても落ち着かないこともある。

ひとこと

「入園式」から「入園の集い」へ

初日の経験が、園の第一印象につながります。園生活のスタートだからこそ、いつもと変わらないほうが子どもにとってはよいのではと思います。服装も平服で、園生活の流れも変えることなく、短い時間、保護者といっしょにちょっとしたお楽しみを盛り込んだ小さな集いをするというように、儀式としての「入園式」から、入園を祝うアットホームな「入園の集い」へと、発想を転換してもよいのではないでしょうか。

園式はパニックになるのを覚悟したほうがよいかもしれません。だんだん慣れていきますから」と伝えておいても。

●むやみに注意しない

・注意や声かけがあそびになることも。はしゃぎすぎる子どもには、手を握る、肩を抱くなどして落ち着くのを待つ。

●いつもと違う要素を減らす

・必要に応じてブレザーを脱ぐ、ネクタイを外すなど、衣服を楽にしてあげる。

●パニックには冷静に対応

・慌てず、しからず、子どもの気持ちをできるだけ受け入れて、「初めてだからどきどきして、どうしていいかわからなかったね」など、ことばにして共感する。

・障がいがあるとわかっていない子どもがパニックを起こすと、保護者は驚き、慌ててしまいがちだが、「初めてのことに対して大きな不安、苦痛を感じるのは当然」と話し、決して感情的にしからないように伝える。そして、「これからの園生活で、予想のつかないことに不安や苦痛を感じたりすることがあるかもしれません。ようすを見て最善の対応を考えていくので、焦らずに家庭と園でつねに情報交換しながら協力していきましょう」と伝えるとよい。

※以上のような内容を、事前に職員間で話し合って意思統一を図り、柔軟な対応ができるように準備をしておきましょう。

新年度の保育

子どものようす

●見通しが持てずに不安になる

毎日が初めての経験の連続になり、見通しが持てないため不安と興奮の渦の中にいる感覚。「こだわり」に執着することによって安心するため、不安が大きいこの時期はこだわりが強くなることも考えられる。場所や物、人にこだわり、場面の切り替えができずパニックになることもある。

●仲間とのトラブルが見られる

コミュニケーションが苦手なため、友だちのおもちゃを取ったり、乱暴してしまったり、わざとではないが、友だちとのトラブルが多くなりがち。

保育者のかかわりかたのポイント

●生活の流れに慣れるくふうを

・行動の切り替え場面では、個別に事前予告をする。ことばよりも絵カードを使うなど、視覚に訴えたほうが有効。その際、一度にたくさんの情報を与えすぎないこと。

・居場所作りや生活の流れに乗るためのきっかけとして、じょうずにこだわりを利用するのもひとつの考え。

●コミュニケーションはスモールステップで

・その子どもの感じかた、物の見かた、聞きかたに洞察力を働かせ、できるだけ保育者がそれをことばに表して気持ちに共感する。

・仲間とのやりとりのスキルを少しずつ、根気よく伝えていくが、無理に集団に入れるのではなく、仲間から離れていられる場所や時間を確保することも積極的に考える。

●保護者とのコミュニケーションをたいせつに

・障がいのある子どもの保護者には、保育者が行っている対応について、なぜそのようにしているのかをわかりやすく伝え、その結果どうだったかも報告。このようなコミュニケーションをとおして、保護者との信頼関係を築いていく。

・わが子に支援の必要を感じていない保護者に対しては、毎日のコミュニケーションをたいせつにしながら、客観的に子どものようすを受け止められるように情報提供していく。

6月ごろの保育

●気になるようすが見えてくる

周囲の子どもが園生活に慣れてくることで、気になる子どもの存在が目だってくる。また、その子どもの傾向も、より具体的にわかってくる。

●行動観察をし、支援の方法を見いだす

・子どもをよく観察し、何が苦手なのか、どんな場面に弱いのかなど、支援が必要なポイントを考える。そして、保護者と相談のうえ、具体的な支援について検討し、実行してみる。相談するときは、まずその子どものよいところをきちんと伝えてから心配なことを伝えるようにする。

・はっきり障がいがあるとわかっている子どもの場合は、主治医や療法士などにアドバイスをもらいながら、連携してサポートを進めていく。

●園全体でのサポート態勢作り

・必要に応じてケース会議を開き、周囲のスタッフの意見を聞いたり協力を求めたりして、園全体でサポートする態勢を作っていく。

●個人の指導計画を立てる

・個人の1年間の指導計画を作成。見えてきた課題を整理し、できるところからスモールステップで取り組んでいけるように計画する。なお、この計画は実践しながら修正をし、子どもの成長に見合った支援ができるように心がける。

夏 お泊まり保育

子どものようす

●興奮してしまう

慣れない場面でテンションが高くなるタイプの子どもは、けがや発熱などを起こしやすくなる。

●見通しが持てずに不安になる

お泊まり保育はすべてが未経験のことなので、次に何が起こるのかわからない。見通しが持てないことで不安になり、パニックを起こすこともある。

●荷物の整理が苦手

一度リュックなどを広げてしまうと、中の物を全部出してしまい、いつまでたっても片づけられない。

保育者のかかわりかたのポイント

●事前の打ち合わせをしっかりと

・プログラムの中で、子どもが不安に感じそうな場面を挙げ、事前に対応策をスタッフ間で打ち合わせておく。
・その子どもなりの課題に応じた参加を検討する。例えば、宿泊自体が困難と思える場合は、日帰り参加、夜は帰って朝再び合流するなど、保護者の理解・協力を求めて、どこまでできるか検討し、配慮する。

●見通しを持たせる

・あらかじめ、宿泊する場所の写真を見せるなど、どんなことが計画されているのか、何をするのか、子どもにわかりやすく見通しを伝えておく。一日の流れを説明する紙芝居などを作って見せるのもよい。
・当日も、そのつど、次の流れを伝えてあげることで、安心して参加できるようにする。絵、写真カードを用意しておくのもよい。

●苦手な部分への対応を適切に

・慣れない場面に対して興奮してしまうような子どもの場合、よく観察して、けがなどの危険がないように、また、体調不良にもすぐ気づけるようにする。
・日々の保育の中で、どんなことで落ち着くことができるか探っておき、落ち着かなくなってしまったら、静かな場所

バスに乗って
ここに行きます。
※泊まる場所、トイレ、寝る部屋などを写真に撮って見せておくとよい。

に誘い、用意しておいたお気に入りの遊具や絵本などで、いっしょにかかわりながらようすを見る。

・荷物の整理が苦手な子どもの場合、ほかの子どもから少し離れた場所、または、少し時間をずらして行う。かごや小袋などを利用して、持ち物を整理しやすくしたり、レジャーシートなどを敷き、その上で自分の荷物を出し入れするなどのくふうをすると、やりやすくなる。保護者に協力してもらい、荷物の出し入れを家で練習しておくとよい。ただ、すべてを子どもにさせるのではなく、適度に手を貸すことが安心と信頼につながることもある。

ひとこと

お泊まり保育は日常生活の延長として

子どもにとって、親もとから離れて1泊するだけでもとても緊張することです。さらに行ったこともない知らない場所で……となると、障がいのあるなしにかかわらず、かなりハードルの高い取り組みといえます。とはいえ、障がいのある子どもも、できるだけパニックにならずに自分の力でできることは体験し、自信につながるようにしたいもの。そこで、お泊まり保育はあくまでも日常生活の延長と考え、知らない場所ではなく、「慣れている園に泊まって仲間と協力し、自分たちの力で楽しめるプログラムを」と考えてみるのはどうでしょうか。

水あそび

子どものようす

●水に対する特別なこだわりを見せる

軽度発達障がいのある子どもには、水が大好きか、極度に怖がるか、どちらか両極端なタイプが多く見受けられる。

〈水が大好きなタイプ〉

大喜びで水に触れ、水あそびをすることで、気持ちを静めたり、生活の見通しが持てるようになったり、生活習慣（着脱など）を身に付けるきっかけになることもある。

〈極端に水を怖がるタイプ〉

水しぶきが顔にかかっただけで大騒ぎして、プールの中にも入りたがらない。家での入浴の際も、洗髪で大騒ぎになるなど、保護者も困っている場合が多い。

保育者のかかわりかたのポイント

●水が好きな子どもは、水あそびを自信につなげる

・大好きな水あそびがあるとわかると、自発的に着替えをするようになったり、水あそびによって心が開放的になることで、食事がとれるようになったり、プールの後の活動にじっくり取り組めるなど、好きなことをきっかけにしてこれまでできなかったことができるようになることがある。したがって、保育者はできたことをいっしょに喜び、自信へとつなげるかかわりを。

●水が苦手な子どもには、少しずつ慣れるくふうを

・無理強いはせず、小さなプールやたらいで、その子どものペースで水あそびが楽しめるようにする。大きなプールへは、少人数であまり刺激にならない雰囲気を作って入るようにし、いっしょに手をつないで歩いたり、抱いてそっと水に入ったり、少しずつ水に慣れるくふうをする。水の触感覚が「快」になってくると、そのうち水が好きなタイプのように、さまざまなことにチャレンジできるようになってくる。

長期の休み（夏休みなど）

●長い休みによって生活リズムが乱れてしまう

生活リズムが乱れやすいのも軽度発達障がいのある子どもの特徴。夏休みなどの長期の休みは、せっかく積み重ねてきた園の生活習慣が振り出しに戻ることもある。

●子どもをしっかり受け止めたうえで観察を

・休み明けは振り出しに戻ることを覚悟で迎え、子どもには久しぶりに会えた喜びを伝える。後退したようすが見られてもがっかりせず、あらためて生活の流れやルールなどを、ていねいに確認しながら伝えていく。

・休み中のできごとについて話すことで、コミュニケーションのレベルチェックを行うなど、子どもの今のようすをよく観察し、今後の対応についての見直しをする。

●保護者と連携をとって

・休み前には、できるだけ規則正しい生活の維持を心がけるように伝え、休み明けには、休み中の子どものようすをよく聞き、保育の参考にする。

秋

行事（運動会・発表会など）の取り組み

子どものようす

●練習に参加できない

みんなといっしょに何かをしたり、きちんと並んだりということが苦手なため、運動会や発表会の練習が苦痛で、逃げ出したりして、なかなか参加できない。

●音や物などに過敏に反応してしまう

聴覚過敏の子どもは、運動会のBGM、ピストルの音、発表会の音楽などに、過剰に反応し、耳をふさいだり泣き出したりする。触覚過敏の子どもは、ダンスで持つポンポンなど、手具の触感に耐えられず、パニックになることもある。

●気が散る、落ち着かない

運動会などを外で行う場合、開放的で魅力のあるもの（道具、装飾、機械など）がたくさん目に入るため気が散ってしまう。

保育者のかかわりかたのポイント

●子どもに合わせた参加のしかたを

・練習は、休み休みでも、前向きに参加できるくふうを。思いを共感しつつ、励ましながら、時にはき然とした態度で参加の支援をしていく。集中しやすく、保育者がサポートしやすい集団規模（小グループ）での練習も効果的。ただ、練習がうまくいっても当日は雰囲気が異なるため、何が起こるかわからないと心得ておく。

・「みんなといっしょ」にこだわらず、その子どもに合った参加のしかたを考える。子ども自身にどうしたら参加できるかを聞き、内容や役割を検討してもよい。そして、部分的にでも参加できたら褒め、自信につなげる。

●事前に予想されることには対応策を

・事前に、昨年の活動をビデオで見せるなどして、行われることをひとつずつていねいに伝えておく。当日も、そのつど次にやることを予告する。

・道具の置き場所を考えたり、BGMを小さくするなど、可能な限り環境にも配慮する。

・保護者にも、予想されることをよく伝えておき、落胆したり、わが子に怒りを感じたりしないように話す。

●パニックには冷静、適切な対応を

・パニックを起こしてしまったら、すぐにその場から離し、

順番で待たされるなど、苦痛を感じる場面も多く、落ち着かない。

●いつもと違う状況に混乱してしまう

見通しが持てないことで不安になったり、知らない人がたくさんいたり、見られたりして、いつもと違う状況に興奮してしまう。

落ち着くまで見守る。

・パニックを起こしたわが子の姿が、多くの目にさらされることで、保護者はつらい思いを味わう。その気持ちを十分理解したうえで、子どもが苦痛に感じていることを保護者に説明し、園ではどのように支援していくのかを伝える。

・パニックを起こしたりする子どもに対して、保育者はほかの子どもと比較するのではなく、本人が楽しく、本人なりに役割を全うしたことの価値を重視する。また、たとえ全うできなかったとしても、「○○には参加できた」など、子どもの状況をプラスに受け止め、次へのステップのきっかけとしてとらえる。

ひとこと

行事の三原則

1. 見通しが持てるように支援すること（事前の予告・一度にたくさんではなく、ていねいにひとつずつ伝える）。

2. 集中の限界、力の限界を受け入れて、みんなといっしょにと欲ばらず、その子どものレベルでよしとした参加を認めること。

3. 以上のような方針で参加の支援をすることを保護者に伝えること。

子どもたちの行事への参加を考えるとき、保育者はこの３つの原則を見直してみるのはどうでしょうか。これは、障がいのあるなしにかかわらず、ひとりひとりをたいせつにするという視点に立った三原則です。

行事への参加のしかたを特別に配慮することについては、ほかの子どもたちへの影響を気にして、特別な扱いはできないという考えもあると思います。しかし、日々保育者が配慮の必要な子どもを受容する保育を心がけていれば、そのようすを見て、周りの子どもたちはその子どもの力を自然に理解し、じょうずにかかわることを学んでいきます。大人が思う以上に子どもたちは寛大に仲間を受け入れてくれます。

冬

年度末、卒園・進級にあたって

子どものようす

●いつもと違う雰囲気に不安や緊張が見られる

卒園、進級間近になると、なんとなく園やクラスのようすがいつもと違う雰囲気になることがある。無意識に大人が「もうすぐ年長さんだね」「もうすぐ一年生だね」とことばをかけることで、期待もさることながら、不安や緊張を感じる子どももいる。特に就学は子どもには想像できないことなので、不安が大きな興奮を引き起こす場合もある。

保育者のかかわりかたのポイント

●次年度担任への申し送り

・1年間の保育の経過、1年間での成長と次の課題の申し送りを行う。また、どんな場面でどのような傾向になるのか、そんなときはどう対応するとどうなるか、といった具体的な内容や、偏見を持たずに受容することなど、かかわるうえでたいせつな事がらを伝えておく。

●新しい環境に慣れるためのくふう

・次年度担任は、積極的に年度内にかかわりを持つ機会を作る。例えば外あそび、自由あそびのときに、自己紹介をして、いっしょにあそんだり、顔見知りになっておくなど。

・保育室やクラスの名まえ、ロッカー、靴箱などが変わることを事前に伝え、可能ならば、来年度からの保育室であそぶ機会も設ける。ただし、物の配置が新年度に変化する予定の場合は、早い説明がかえって混乱のもとになるので、ケースバイケースで考える。

●保護者と事前に面談をしておく

・必要に応じて、次年度担任といっしょに面談を行い、保護者の不安を少なくしておく。

●入園前の取り組み

・次年度に入園する子どもの中で障がいがあるとわかっている子どもがいる場合、入園前に来園する機会を設けるとよい。その際、担当保育者が、保育室、トイレ、園庭など、生活の場所を案内して、入園時のとまどいの軽減を図る。
・人事決定の際は、できれば、理解と支援を必要とする子どもの保育に前向きな保育者を選任する。

●就学先との連携

・就学を迎える子どもの場合、保護者との十分なコミュニケーションのもと、必要に応じて学校へ情報提供し、クラス編成や学校生活上での配慮をお願いしてみる。その際、学校側が子どもに対して偏見を持つことのないように、正しい理解と対応を具体的に伝えるよう心がける。ただ、保護者が学校への情報提供に前向きでない場合は、無理に行わない。
・必要なときに保護者自身が学校へ情報提供することが、子どもの安定につながるということをアドバイスしておく。また、専門機関への相談も、子どもの安定を図るための選択肢として考えておくとよいことを伝える。

クラスの子どもたちの理解を得るには

軽度発達障がいのある子どもが、クラスの一員として園で楽しく過ごすためには、クラスの子どもたちからの理解を得ることがたいせつです。保育者は、わかりにくい障がいのある子どもについて、子どもたちにどのようなメッセージを伝えていけばよいのでしょうか。

幼少期の体験が価値観を決めていく

人間の価値観は、幼少期のさまざまな生活体験からすでに形成されていくもので、自分を肯定するか否定するか、また他者を肯定するか否定するかも幼少期の体験が大きく影響します。偏見もまた、その人の価値観から生ずるものです。

幼少期の子どもは、まだ大人のように固まりきった価値観が形成されているわけではないので、すなおにいろいろなものを吸収します。そして、幼いときに身に付けた価値観が、ずっとその人の生きかたに影響を及ぼすことになるのです。だからこそ、幼いときから、みんな違ってあたりまえ、違う人間が互いを理解して、協力して生きていくこと――「共生」が、みんなの幸福につながると、日々の生活・仲間とのかかわりを通して伝えていきたいと思います。

「いろいろな人がいる」ことを感じるとき

重度の脳性まひのある子どもに対しては、2歳児くらいでも、その違いがわかるようで、理屈ぬきで一生懸命助けようとする姿が見られます。知的発達の遅れが強い子どもに対しては、4～5歳児にもなれば、できないことへの許容が見られ、とがめることもなく、見守ったり助けたりします。

では、目に見えない軽度発達障がいなどの違いに対しては、どうでしょうか。

4歳児くらいになると、少し自分以外の世界にも目が向けられるようになってきます。「～しちゃいけないんだよ！」「やめて。入れてあげない」……など、集団生活におけるルールを守ろうとする力が現れ始め、相手の行動に対して干渉したり、拒否したりする姿が見られるようになるのもこのころです。そのうち、人とのかかわりが苦手な軽度発達障がいのある子どものようすを見て、「あの子は自分や周りの友だちと、ちょっと違う」と感じることも出てきます。そんなとき、大人がどんな気持ちで子どもたちと接しているかが重要となります。子どもはそういうことを敏感に感じ、影響を受けるのです。

「どうしてあの子は違うの？」

では、実際に「違い」を感じた子どもたちから「どうしてあの子は……」と聞かれたとき、保育者はどう答えたらよいのでしょうか。

まず子どもたちに伝えたいのは、「ひとりひとりが違っていていい」「ひとりひとりが尊重され、みんなたいせつなかけがえのない存在として生きている」ということ。これが、すべての根っこになります。具体的には、「Aちゃんは走るのが速いね。Bちゃんはお絵かきじょうずだね……でも、Aちゃんはプールで水がかかるのがいやなんだよね。Bちゃんは走るの好きじゃないね……」というように、自分たちに好きなことや嫌いなこと、得意なことや不得意なこと、できることやできないことがあることを実感できるように話し、ひとりひとりが違うということを意識できるように伝えることから始めます。

そのうえで障がいのあるCちゃんについては次のように話します。「CちゃんはAちゃんみたいに走ったり歩いたりできないんだよね。でも、プールで水あそびするのは、大好きなんだよね」というように、「障がいがあって特別だからみんなと違う」のではなくて、「みんな、ひとりひとりが違っているのと同じように、Cちゃんも違うんだ」と伝えていきます。子どもたちは、それが理解できると、大人のように先入観や偏見がないので、障がいのある友だちを受け入れ、苦手なことのある友だちとして助けてくれるようになります。障がいのある子どもたちとの交流をとおして、子どもたちはたくさんのことを体と心で学び、共に生きていくことを身に付けていきます。そして、「〜だから、泣いているんだね」「〜すると喜ぶよ」「〜したらわかるみたい」というように、相手の心を理解しようとします。

わかりにくい障がいについて、どう伝える？

目に見えない障がいの場合は、理解を促すのが少し難しくなってきます。特に軽度発達障がいのある子どもは、自分たちと同じように見えるのに理解できない行動をとるために、子どもたちから誤解を受けることが多いでしょう。ですから、そのつど、仲介しながら双方の思いを大人が代弁していくことが必要です。

トラブルを起こしている子どもに対して、「やめなさい。〜してはいけません」と注意するのではなく、まず「怒っているみたいだけど、いやな気持ちなの？」「Aちゃんが何か言った？」などと、怒っている子どもの立場に立って声をかけます。そこで少し気持ちが落ち着いたところで、「でもさ、Aちゃんはたたかれて痛かったんだって」などと言います。すると、初めてそこで冷静になって「わかった」「ごめんね」と言えることもあるのです。

保育者は、その場ですぐに、怒っている子どもとやりとりをします。すると、トラブルに巻き込まれた子どもは、そのやりとりから怒っている子どもの気持ちが理解できる場合もあり、「いいよ」と言ってくれることもあるのです。トラブルが起きたとき、そのつど保育者がていねいに仲介し、対応していくうちに、クラスの子どもたちは、「○○ちゃんは意味もなく乱暴するのではなく、何か理由があってやるんだ」「○○ちゃんはまだ、口でうまく言えないんだ」そして、「きちんと話せば納得して、ごめんねが言えるんだ」というように、理解していくのです。

子どもたちの疑問に、ていねいに答えて

「どうして乱暴するの？」「どうして、すぐに怒るの？」……こうした子どもの疑問に、保育者はていねいに答えていく

ことがたいせつです。それこそが、子どもたちが目には見えない違いを感じているところだからです。

集会などの際に、子どもどうしで話し合う機会を作ってみるのもいいでしょう。例えば、「Bちゃんが泣いているのはどうしてだと思う?」と、子どもに聞いてみます。すると、「悲しいから」「~したいけど、できなかったから泣いている」など、子どもなりの考えを聞くことができます。そこで保育者は、「そうだね。Bちゃんは~したいけれど~できなくて悲しいんだね。Cちゃんは、Bちゃんの気持ちがよくわかるのね。わかってくれてありがとう」などと、子どもたちに伝えていきます。こうした経験を重ねていくことによって、子どもたちの心に友だちを理解しようとする気持ちが育っていきます。

一方で、「いやな気持ち」への共感もだいじです。もし、「Dくんはいつも乱暴するからいや」と言う子どもがいたときには、「そうだよね。いやになるよね」などと共感したうえで、「Dくんは、同じ年長さんでも、言ってもすぐにはわからないみたいなの。でもね、今ちょっとずつ練習しているところだから。いやなことがあったら、いつでも言ってきて。相談にのるから」などと、話してみます。このように伝えたうえで、「ちょっと助けてあげてくれる?」などと頼むと、「わかった。いいよ」と言ってくれる子どももいます。そのときは、すかさず「どうもありがとう」と伝えてください。

自分もかまってほしいと感じている子どもに

こんなことがありました。障がいのある子どもの担当保育者が、担当の子ども(Eくん)とあそんでいると、いつもそばに来る子ども(Fちゃん)がいるのです。保育者は「Eくんとあそびたいんだ。Fちゃんってやさしいな」と思っていました。

ところがある日、Fちゃんから「先生は、Eくんが好きだから、いつもいっしょにいるの?」と聞かれたのです。そう言われて、保育者は初めて気づきました。大人の間では、Eくんの担当者を決め、その担当はEくん中心にかかわるのを当然のこととして保育していましたが、Fちゃんの目にはそう映っていなかったということに。

保育者は、「Fちゃんは、先生がEくんのこと好きだからいっしょにいるんだと思っていたのね。先生はね、FちゃんもEくんも大好きよ。でも、EくんはFちゃんのようにひとりできないことがたくさんあるの。だから、お手伝いしているのよ。でも先生がいつもEくんのそばにいてFちゃんは寂しかったのに気づかなかったね。ごめんね」と話しました。すると、Fちゃんは「ふーん、そうなんだ」と、初めて納得したようでした。大好きな保育者とたくさんあそびたいと思うのは、きっとFちゃんだけではないはずです。

このような気持ちになるということは、その子ども自身、何か満たされない思い、かまってほしいという気持ちがあるからだと思います。保育者は、障がいのあるなしにかかわらず、ひとりひとりの子どもが、今、何を求めているのか、どんな手助けが必要なのか、ということに心を配っていくことがたいせつです。そして自分のいたらなさに対してはきちんと謝ることも必要です。

同調してしまう子どもに

落ち着きがない子どもに、ほかの子どもたちが同調してしまうということがあります。保育者が「静かに！」と注意しても、また、落ち着きのない子どもの行動によって同調してしまう……こんなことの繰り返しが少なくないでしょう。同調してしまう子どもたちは、みずからが落ち着かず、コントロールできないのではありません。したがって、まずは、みずからコントロールできない子どもがどうしたら落ち着くことができるのかを考えて対応しましょう。その子どもが集中できる時間に合わせて、集会に参加する時間を決めたり、落ち着いていられる子どものそばに座るなど、その子どもが落ち着けるように手助けしていくことが、同時に、同調して落ち着かなくなってしまう子どもへのフォローにつながっていくと思います。

それと並行して、同調してしまう子どもたちへの対応も考えなくてはいけません。このような場合保育者は、注意したり、言い聞かせたり、またはほかのあそびで興味を引き付けたりという対応をしがちです。しかしそれでは、その場しのぎで終わってしまい根本的な解決にはなりません。

まずは、同調してしまう子どもの気持ちを考えてみましょう。子どもたちは、集会のときにじっとしていられない子どもを見ると、「自分たちはがまんしているのに、どうしてGちゃんだけ？」という気持ちになってしまいます。Gちゃんが自分をコントロールできないということがわからないので「Gちゃんだけ、ずるい」と思ったり、「ぼくも、やっちゃおう」と、同調してしまったりするのです。

そんな子どもたちには、「なぜGちゃんが、じっとしていられないか」を説明する必要があります。例えば、「Gちゃんはずっと座っているのが難しいみたいなの。今、少しずつ練習しているところだから、みんなも応援してくれるかな。お願いね」というような言いかただと、子どもたちも理解しやすいでしょう。そして、わざとじゃないということがわかると、逆に「Gちゃんはまだできないけど、自分はがんばれるんだ」という気持ちになる子どももいます。それは差別ではなく、「ひとりひとり違う」ことを理解するということです。

このように、子どもたちには根本のところで理解してもらわなければ、同調してしまう状況は改善されないでしょう。もちろん1回では理解できません。しかし、時間がかかりそうでいて、それがいちばん着実な方法です。

いじめてしまう子どもに

軽度発達障がいのある子どもたちが、ほかの子どもたちからの攻撃やいじめにあいやすいということは否定できません。いわれのない攻撃やいじめは許されるべきではなく、いじめてしまう子どもには、注意やていねいな説明が必要です。しかし、それと同時に、なぜ、こうした言動が出てくるのか、その理由を考えることがとても重要です。というのも、子どもたちは、大人の態度をよく見ているからです。「また、お友だちに乱暴なことをしたのね。ごめんなさいは？」というように、保育者が批判的なことばかけをしていると、周囲の子どもたちもその子どものことを「困った存在」として見るようになってしまいます。それとは逆に、大人が受容的な態度をとり、ことばにできない部分を周りの子どもに対して代弁するようなかかわりをしていると、子どもたちも障がいのある子どもを理解しようとします。

クラスの中で、障がいのある子どもに対する攻撃やいじめがあったとき、保育者は自分自身がどのように子どもに接しているか、自分の心の持ちかたはどうだったかを深く感じとって反省してみてください。同時に、攻撃やいじめをする子どものことを思いやってください。心の中の満たされない思いが、攻撃となって出てきてしまっているのかもしれません。

保育者どうしの連携

園において軽度発達障がいのある子どもへのサポートを進めるには、保育者どうしの連携が欠かせません。保育者間の理解を広げ、協力し合って支援していくには、どのようにしたらよいのでしょうか。

ひとりで抱え込んでしまうワケ

軽度発達障がいのある子ども、またはグレーゾーンの子どもの保育について、園全体で共通認識を持ってサポートしているというところは、まだまだ少ないようです。その子どもの担当保育者や担任が園長などに相談をしても、「昔は、もっとおおぜいの子どもをひとりで見ていたのよ」などと言われ、理解してもらえないことも多いようです。悩んだ末に勇気をふり絞って相談したのにと、落ち込んでしまうこともあるでしょう。

1人担任の経験しかない保育者は、だれかと調整して何かをやるということはとてもたいへんなことと感じているようです。ですから、「いっしょにフォローしてほしい」「アドバイスが欲しい」と相談しても、「自分のクラスだけで手いっぱい」と言われたり、保育の未熟さを指摘され、自分で考えるよう突き放されたりすることもあるようです。

また、障がいのある子どもの担当という形でクラスに入っている場合、クラス担任に相談しても、「あなたに任せます」というひとことで片づけられ、それ以上何も言えなくなってしまうという悩みもあります。いわゆる「クラスの保育」をその子どもが乱さないように、障がいのある子どもの担当者がしっかり見ていてくれればいい、というように、その子どもへの配慮は担当者に任せて、それ以上のことは考えていない保育者もいるようです。特にその担当者がパート勤務という立場の場合、もっと相談しづらいようです。

理解者・仲間を探そう

では、このような状況にある園で理解を広げるには、どうしたらよいのでしょうか。

まず、園内を見回してください。共感してくれそうな人がひとりくらいいるはずです。できれば園長や主任がよいのですが、もし相談しにくいようなら、いつも熱心で「話を聞いてくれそう」と思える先輩を見つけて相談してみてください。そこで、「そうだね。○○ちゃんって、なんか落ち着かないよね」と言われるなど、少しでも手ごたえがあったらチャンス。さらに深く話をしてみましょう。

また、同僚や後輩でも自分の思いが伝わりそうだったら、どんどん声をかけてみてください。勉強会や研修などに誘ってみるのもいいでしょう。そういう中から少しずつ仲間を増やしていけるといいですね。

客観的かつ専門的な情報公開を

「落ち着かないのは保育が未熟だから」と思っているような保育者には、専門的かつ客観的な情報を伝えるのがいちばんです。「この子どもにはこんな障がいがあって、このような対応がよいようだ」といったことを、自分自身の考えではなく、専門医や療法士など専門家から聞いてきた話だということを明確にして伝えます。すると、「この子どもを保育者ひとりで見ていくには限界がある。園全体で考えて、意思統一を行ったうえでフォローしていかなくてはならない問題なのだ」ということが、伝わりやすくなります。

ケース会議を開こう

園内である程度の共通認識と知識の共有が得られたら、ケースについて話し合う場（ケース会議）を持ちましょう。その際、全職員が自分の問題として心をひとつにしていくためには、次のような配慮が段階ごとに必要です。

●準備～生育歴をまとめ、行動観察を行う

家庭環境や0歳から、または入園してから現在までどうだったかという生育歴をまとめます。例えばその子どもが0歳から園に来ている場合、児童票などの記録はそれぞれの年で違う人が記入していることになるので、いろいろな保育者からの情報が入っていて、その記録から多面的な目でその子どもを見ることができます。そのほか、通院をしている子どもの場合は、病院からの情報も重要な情報として伝えましょう。

また、会議の前に、一定期間（1週間くらい）、その子どもを観察してみます。そうすると、「昼食のときには必ずこうなる」「外に出ると必ずこうなる」というような傾向が明確になってくるでしょう。統計的、客観的に記録しておくようにします。

●伝えかた

準備した生育歴や観察記録をもとに、あくまでも客観的にその子どもの情報を伝えます。「○日から○日まで観察した結果、こういう傾向があるとわかりました。しかし、このような対応をしてみてもなかなかうまくいかなかったので、アドバイスをいただけないでしょうか」というように、具体例を交えて話すのです。このようにしっかり準備をしたうえで伝える内容は、ただなんとなく感じていることを話すのとは違い、説得力があります。

また障がいについても「この障がいの特徴としてこういうことがあるので、対応するときにはこうしたほうがいいと、専門医に教えられました」というように、専門家から得た情報として伝えるとよいでしょう。

●会の持ちかた

専門家からアドバイスを得たとしても、その考えやケアのしかたが完ぺきとは限りません。ベテラン保育者の長年の勘からくるアドバイスが的を射ていることもあるので、いろいろな意見に耳を傾けながら、少し疑問に思うことでも行ってみましょう。うまくいかなかったとしても、その結果をまた会議で伝えることで、「今までこういう子どもにはこうすればいいと思っていたけど、この子どもには通用しないんだ」と考え直すきっかけにもなります。

会議は1回で終わらせるのではなく、何回も行い、アドバイスされたことを実践したり、その後の経過を報告したり、ということを継続させていくと、より有意義なものになるでしょう。

日常保育の中での連携

園全体でひとりひとりを見ていくためにも、次のようなことを全職員の共通認識として、対応を統一しておきましょう。

●特に気を付けたい場面を伝える

「突然、部屋から飛び出したりするので、見かけたら、こういう場面ではこんなことばかけをしてください」などと伝えておきます。担任がつねにその子どもを追いかけまわすのではなくて、カバーしきれない部分はほかのスタッフもいっしょに対応していくということを確認します。

●具体的な対応のしかたを知らせる

「一度に3つも4つも言わずに、指示は1つだけにしてください」など、その子ども特有の望ましいかかわりかたを伝えます。また、ことばが出てこなかったり、通じにくい子どもに関して「この子どもにはことばではなく、こんなボディーランゲージを用いると、理解がしやすくなりますよ」などのアドバイスがあれば、それも全職員に知らせておきましょう。例えば、「何か欲しくて、引っ張ってきたようなときには、こうやって手を合わせて『ちょうだい』とやってください」というように。

このような具体的対応は、その子どもにかかわる人全員が意識していく必要があるので、療育機関、園、家庭と連携しながら行っていくのが望ましいでしょう。

●子どものようすを伝え合う

「担任が気づかないところで何かあったときには教えてください」というように、子どもの情報を伝え合い、共有していく姿勢をつねに心がけます。

●保護者への対応も報告

「○○さんとはこういう行き違いからトラブルになってしまった」「今までは認知されていなかったが、保護者から相談されて、病院へ行くことになった」というように、特別な展開があった場合は、そのつど報告します。自分の失敗を話すのはつらいことですが、次は別の保育者が同じようなケースに遭遇する可能性もあるので、学び合うためにも、隠さずにすべて公開しましょう。

●互いに励まし合う

つらく、しんどいことは長続きしません。「うまくいかなくてあたりまえ」と、保育者どうし励まし合い、うまくいったらおおいに褒め合うこともたいせつです。

column

療育のようすを見学しよう

保育者が客観的かつ専門的な情報を得るためにも、外部の専門機関との連携はたいせつ。中でも、療育の見学はとても、参考になります。

療育機関に通っている子どもがいたら、ぜひその訓練のようすを見学させてもらいましょう。どんな教材を使って、専門家はどんなことばかけをして、子どもの反応はどうだったか、などを実際に見ると、園での対応について多くのヒントをもらうことができます。

あらかじめ見学のポイントを確認し、記録用紙を作っておくといいでしょう。その記録を園に持ち帰って実際に試してみたり、ほかの保育者に伝えるのにも役だちます。

また、疑問があればスタッフに尋ねてみましょう。逆に、園のようすを聞きたいという専門家のかたもいるので、園での対応についてアドバイスをもらえるかもしれません。

●記録用紙（例）

平成○○年　○月　○日（○）　天気○○　記録者○○○		
○○○療法　○○療法士　○:○○～○:○○		
教具・教材	療法士のようす	子どものようす
特記・感想		

使用している教材、教具を記入。簡単な図なども書いておくとわかりやすい。

専門家のことば、行動などを記入。ことばは言ったとおりに記入するなど、より具体的にするとよい。

専門家が働きかけたときの反応や行動など、そのときどきでの子どものようすを記入。

見学した感想や、園に持ち帰り取り入れたい内容、その場にいた専門家や保護者から聞いた話などを記入。

第4章

保護者のサポート

「気になる子」の保護者とのかかわりについて、
寄せられた悩みの数々……。
その中から10のケースをピックアップし、
園現場とカウンセリング・医療の現場からアドバイスをします。
保護者のサポートについて、園全体で考えてみてください。

指導・執筆●園での対応／わかくさ保育園
カウンセラーの立場から／高山恵子
医学的立場から／田中康雄

case 1

障がいの可能性をかたくなに否定

落ち着きのなさが明らかに目だつため、「お医者さんに一度診ていただくとよいかもしれません」と面談で話した。保護者はかたくなに障がいの可能性を否定。それ以来関係がこじれてしまった。

園での対応

焦らずに、根気強く向き合う覚悟で

保育者は、障がいがあると思われる子どもを目の前にすると、より適切な支援をと思うあまり「早く保護者に気づいてもらわなくては」と焦りがちです。しかし、この熱意が、時として逆の方向に働いてしまうという落とし穴があります。

保護者にとって、自分の子どもに障がいがあることを認めるのはほんとうにつらいこと。そこには大きな葛藤や苦しみ、悩みが伴います。うちの子どもはだいじょうぶなのだろうかと心配しながらも、障がいは認めたくないという思いが心の大半を占めていたりします。そんな保護者に対

カウンセラーの立場から

複雑な保護者の心情に共感を

保護者にとって、「わが子に障がいがある」という事実を受け入れるのはとてもつらいことです。また、一度認めたつもりでも、周りの子と比較してしまったり、マスコミの報道に左右されたり、理解ない人から「しつけが悪い」と言われて落ち込んだりと、つねに心が揺れているのが実情。

特に軽度発達障がいの場合、一見障がいがあるように見えず、文字や数字を覚えるのはとても早いけど人と会話ができないなど、できることとできないことのギャップが激しいことから、よけいに複雑です。保護者が障がいを否定するのも、ごく自然な姿として受け止め、「なかなか受け止め

して、保育者が障がいの可能性を熱心に伝えたり受診を勧めたりしてしまうと、保護者は逆に不快に思ったり、心を閉ざしたりしてしまうでしょう。

まず、1回の面談ですべてを伝え、わかってもらおうなどと焦らないことです。これから根気強く保護者と向き合っていく覚悟を持ち、次へとつなげることが初回の面談の目標。また、子どものようすを伝えるときは、「〜ができません」というネガティブな伝えかたではなく、「○○ちゃんは、園でこんなところが難しくて困っているようです」というように、保護者が受け入れやすい形で話すくふうが必要です。すると、保護者も「あー、うちの子は困っているのか」と受け止め、「そういえば、うちでも……」というように、少しずつ話が進むかもしれません。そういった積み重ねにより、ともに考えていくという信頼関係ができて初めて、専門機関での受診について話ができると思ったほうがよいと思います。

保育者との信頼関係は十分だとしても、診断を受けることについては、何か「宣告」を受けるような思いで構えてしまう保護者が多いと思います。しかし、診断というのは、「その子どもがよりよい方向に進むきっかけ」となるもので、決してレッテルをはることではないと話し、保護者の不安を和らげることも必要でしょう。


られないですよね」「できることもたくさんあるから、障がいとは思いづらいですよね」などと共感し、追い詰めないようにするのも、支援のひとつです。初めから病院ではなく、まず保健センターなどを紹介してもよいでしょう。

病院に行くことをかたくなに拒否する場合、深い事情も考えられます。例えば、義理の両親の手前行けない、世間体が気になる、などがよくある理由。保護者の置かれている立場も考慮した支援が必要です。また、第一子に障がいがあると、母親がすべて自分のせいだと思い込み、うつ傾向になりやすいので注意が必要です。一方、第二子の場合は、最初の子と同じように育てているのになぜ違うのかと、自分の経験から客観的に子どもの成長を見ることができるので、その分、子どもの発達について相談しやすくなるということもあります。

ただ、「うちの子は遅れている」と保護者が言ったとしても、それで「子どもの障がいを認めた」と判断するのは危険です。「少し遅れているだけ。いつかみんなに追いつく」と思っていることもあるのです。保護者が子どもの発達について相談しているからといって保育者はいきなり障がい名を出すのではなく、その子ができているところと心配なところを保護者と話し合い、その結果「受診してみよう」となることが望ましいでしょう。

column

障がいを受け止めるということ（障がい受容）

保護者にとって、わが子に障がいがあるということを知り、その事実を受け入れるのはとてもつらいことです。保護者の思いを尊重して向き合っていくために、保育者としては、ぜひ考えておきたいテーマです。

障がい受容とは

障がいを受け入れていくことを「障がい受容」といいますが、保護者を取り巻く環境や人生観、価値観や性格などがいろいろと複雑に絡み合っているため、一概にいうには難しいテーマです。また、軽度発達障がいの場合、目に見えづらいため、保護者が受けるショックも相当なもので、「これからわたしにこの子を育てていけるのだろうか」という不安も大きいことでしょう。

ただ、「障がいを受容する」ということは、決してその子の将来をあきらめるということではありません。その子の人格を認め、その子の立場に立って考えられるようになるということで、どんな対応をすればいいのかなど、少しずついろいろなことが整理されてくるのではないでしょうか。

では、実際に保護者の気持ちはどんなふうに揺れ動いているものなのか。2つの説をベースに考えてみましょう。

保護者の揺れ動く思い「段階説」

ドローターという人は、ダウン症のある子どもとその保護者について、告知から、受け止めていくまでの過程を研究しました。そして、「障がいを受け止めるまでのステップ」として、次のように説明しました。

●「段階説」D.ドローター

1. 否認・拒否
↓
2. 哀しみ・怒り・不安
↓
3. 原因究明と取引（訓練）
↓
4. 抑うつ
↓
5. 受　容

ひとつずつ順を追って説明します。まず、わが子に障がいがあるという告知をされたとき、保護者はほぼ、否定から、「その障がい名、その判断は違う」というところから始まるという考えかたです。「障がいというように見えるかもしれないけど、実は違うはずだ」「今は発達が遅れているけれども、じきに追いつく」というように、衝撃と同時に、「認めたくない」という否認の時期を迎えます。

そして、それからしばらくすると、「なぜうちの子が」というように、哀しみ・怒り・不安という情緒的な嵐の時期に入ります。絶望感あふれる限界、将来に対するやりきれない不安、家族や身内に対する申しわけなさなど、さまざまな思いが交錯します。

そこをくぐり抜けると、次に、「なぜそうなったんだろう」というように、原因を究明したい、はっきりさせたい思いと、その子に対する訓練の時期に入ります。塾に通わせたらいいのか、感覚統合療法がいいかしら、サプリメントを飲ませるとよくなるかもしれない、イルカとあそばせたらいいのかな、などというように、いろいろなことを考え、それと並行して原因を究明していこうとするのです。また、どこかでだれかが、自分の納得いく答え（「その障がいではなく、この障がいである」「障がいではなく個性である」など）を言ってくれるのではないかと、病院などを転々とする保護者もいます。

しかし、軽度発達障がいというのは、そもそもの発達のアンバランスさ、脳のアンバランスさからきているので、「何かをしたからといって、消えてなくなるというものではない」という現実にもう一度向き合わざるをえないときがきます。すると、また哀しみや怒りにぶつかったり、抑うつ的な無力感を感じたりするのです。自分が思い描いていた「障がいのない子ども」という対象を失ったという「対象喪失」の体験をし、気分は落ち込みます。

そして、最終的に「この子にある障がいと、この子の資質、この子らしさ」というものを並行して受け入れる段階に至るというわけです。

障がいを受け止めるということ

今、保護者がどんな思いかを受け止めて

このドローターの段階説からも、保護者の思いが行きつ戻りつしているのがよくわかります。そのため、今向き合っている保護者がどんな気持ちでいるのかということを、わたしたちはつねに考えておく必要があります。いくら周りが「お母さん、もう診断もついているんだから、障がいを受け止めなくちゃ。理解しなくちゃ」という説明をしたところで、お互いの思いがいつまでたってもかみ合わない、ということになってしまいかねません。保護者が自分の気持ちをかみしめて、それを自分のものにするまでには時間がかかります。その時間にわたしたちがていねいにつきあっていくことがだいじなのです。

ただ、ドローターの考えかただと、受容が「ゴール」のように考えられてしまいやすく、最終的に受容しなくてはいけないのではないか、と思われがちになります。「まだ、障がいを受け止めてないの?」という発想です。実際には、段階をひとつずつ上がっていっても、障がい受容に終わりはないのではないでしょうか。子どもの障がいを受け止めて前向きに進み出そうとしても、また悩んでしまったり、これからのことが心配だったりという気持ちは、つねにあるものではないでしょうか。そこで、障がい受容について、もうひとつの考えかたがあります。

つねに根底にある不安「慢性悲哀説」

オルシャンスキーという人が、保護者が節目節目で感じる不安な思いについて述べたのが「慢性悲哀説」です。それは、わが子に障がいがあると告知されて以降、子どもがことばを話すようになる時期、就学時、思春期、高校進学時など、だれの目にも明らかな成長・発達の時期、人生の節目ごとに保護者は悩み、落胆を示す、という考えかたです。

小学校時代は小学校生活で一喜一憂し、中学校に進学するときには、また一喜一憂する。保護者はつねに子どもの将来に不安を感じています。そして子どもの成長とともに、一喜一憂を繰り返すのです。ちょっと子どもに成長のあかしが見られるようなときにはほっと胸をなでおろし、また、何かにつまずいたり、ぶつかったり、周囲の心ない環境変化の中で追い詰められたりすると、またその「障がい」に押しつぶされそうになってしまうのです。

保護者の気持ちを尊重して

保護者とかかわる、保育者などの専門家は、ここで説明した「障がい受容」の2つの考えをアレンジし、自分のものとして持っておく必要があるでしょう。そしてだいじなのは、「つねに一歩引いた形で保護者と向き合う」ということ。保護者の気持ちを「こちらにどうぞ」という形で周りが引っ張っていくとか、連れ回すということではなく、また逆に、保護者の不安に取り込まれてしまうのではなく、保護者の気持ちから一歩引いた形で「どうですか」と、おうかがいをたてる、という関係がよいのではないかと思います。

4歳の男の子のことで相談にきた母親とある医師との間の会話です。

母「まだまだ早いかもしれませんが、この子の就学はどういう形になるのでしょう?」

医師「そうですね。まあ、就学の1年前くらいにもう一度診てみると、もう少し明確になりますから、それまでは今のままの生活でしっかりあそんで、いろいろやっていきましょうね」

母「そうですね。それで、また先のことで申しわけないのですが、この子思春期になったらだいじょうぶなんでしょうか。それからこの子、仕事はどうなるんでしょうか。結婚はできますかね? わたしたちがいなくなったら、この子は最終的にどうなるんでしょう……」

4歳のわが子を前にして、先々を考えて不安になる保護者がたくさんいるのです。

どのような説によろうとも、保護者の思いは、深く、高く、決して終わらないものなのでしょう。

(田中康雄)

case 2

悪いところばかりに注目してしかっている

子どもの多動が激しく、保護者は育児に疲れを見せており、ポジティブな気持ちになるのが難しいようす。子どもの悪い行動ばかりが目に付くようで、そのたびに激しくしかりつけている。

園での対応

子どもの見かたを変えるくふうを

多動が激しい子どもは、座っていられない、話を聞いていないなどと、生活全般で注意されやすい子どもたちです。このように注意ばかりされていると、「自分は悪い子だ」と自分を否定するようになります。そしてその結果、大人に不信感を抱いてしまうことがあります。また、悪いところばかり注目してしかっていると、その子どもは、たとえしかられているというマイナスの注目でも、自分を見てほしいという思いから、暴れたり物を壊したりと、行動がますますエスカレートしてしまうこともあります。

　こうしたことを念頭におき、保護者の子どもを見る視点が少しずつ変えられるよう、保育者が働きかけましょう。

カウンセラーの立場から

具体的な褒めかたの提案を

子どもだけでなく、保護者の支援はとても重要です。まず、保護者の状況や気持ちをしっかり聞きましょう。そのうえで、「最近、○○くんは自信がないように見えるのですが、何か心当たりはありますか？」などと聞いてみます。一方的に「褒めてください」と言うのではなく、「お子さんは自分をだめな子だと思い込んでいるようです。自信を取り戻すためにどうしたらいいでしょう？」と問いかけ、保護者がみずから、今何が問題で、何が必要なのかを考える機会を作るのです。

　「お母さんが十分に褒めてあげてくださいね」というアドバイスが、逆効果になることもあります。例えば、「自分

保護者はきっと、あらゆることを試したうえでそれでもどう接していいかわからずに悩んでいます。そこで、保護者を悩ませていると思われる子どもの行動を挙げ、その行動に対して園で効果のあった対応を、さりげなく保護者に紹介してみましょう。

例えば、園庭で棒を振り回していたとき、いつもはすぐやめさせていたのを、「ちゃんばらごっこしたかったの?」とその子どもの思いを確認し、「ごめんね。ここはみんながいるから棒が当たると危ないよね。だからここではできないの」と話すと、「わかった」と理解してくれた——このようなエピソードを、送り迎えのときなどに、ざっくばらんに話します。すると、「うちでも物を振り回すんです」といった保護者からの共感が得られ、「うちでも試してみます」などと、対応に変化が見られるかもしれません。

ただ注意したいのは、保護者があまり話に乗ってこない場合、ただのよけいなおせっかいになってしまうということ。対策を考える前に疲れてしまい、休息が必要な場合もあるので、ようすを見ながら話しましょう。また、保護者は子どもをしかってばかりの自分にもストレスを感じているはずです。「お母さん、○○ちゃんのこと、ほんとうにいろいろと考えていらっしゃいますね」というように、保護者の葛藤に共感することも必要です。

の子を褒められないダメな親」と自分を責めたり、褒められない自分にイライラして、ストレスを抱えてしまったりすることがあるのです。まず、「褒めたくても、なかなかわが子を褒めるのは難しいですよね」といった保育者の共感が、保護者を安心させることにつながります。そのうえで、次のような「褒めかたのポイント」を伝えていくとよいでしょう。

- 5分間集中した子に対して、「5分しか集中できない」とマイナスにとらえるのではなく、「5分も集中できた」とプラスにとらえる、というように、見かたを変えることによって、褒める回数を増やす
- 注意したあと、その行動が改善したら必ず褒める
- できてあたりまえと思っていることでも褒める
- 自分が褒めることができなくても、家族のだれかがその子を褒めてくれればいいと、気楽に考える

また、褒めたくても、世間体が気になって褒められない、祖父母から「甘やかしすぎる」と言われるという場合もあります。保護者の置かれている状況もさまざま。まずは信頼関係をたいせつにして、具体的な褒めかたを提案してみましょう。

case 3

発達のようすに気づいていないように見える

ことばの発達が遅く、集団活動も困難なようす。保護者は「まだ小さいし、成長するにつれて治る」と、楽観的に見える。気になるようすを伝えても、「温かく見守ってください」との反応。

園での対応

園でのようすを見てもらって

ことばの発達だけが遅いということは、あまりありません。ことばが遅いと、理解力や体の動きなど、ほかの部分にも気になるようすが見られることが多くあります。したがって保育者は、生活全般において、その子どもにはどんな場面でどんな支援が必要かをよく観察し、保護者に伝える内容について深く検討しておく必要があります。

そして、保護者にその子どもが困っていることを知ってもらうためには、実際に集団生活のようすを見てもらうとよいでしょう。特に、コミュニケーションがうまくいかないなどの問題は、家庭ではあまり目だたなくても、集団の中では明確に見えてきます。保育参加に誘ったり、保育の

カウンセラーの立場から

複数の保育者の目で見ていくこと

楽観的なことは、必ずしも悪いことではありません。「遅れているだけ」と保護者が思うことで、気持ちが安定し、よい親子関係を築いている場合、無理に不安をあおるような発言はしないほうがよいかもしれません。

発達には個人差があり、3歳までこだわりが強かったのに、4歳になっていろいろな面で安定するにつれて、こだわりが少なくなっていくということもあります。保育者は、発達の遅れをすぐに障がいに結び付けることは控えましょう。特に、軽度発達障がいの研修を受けた後や、書籍を読んだときなどに、「あの子は○○かもしれない」と、先入観で判断してしまうことがあるので、十分注意してください。

ようすを映したビデオを見せるなどして、その子どもが園のどんな場面で困難さを抱えているかを伝えていきます。「○○ちゃんは△△するのが難しいようなので、□□をして対応するようにしています。そうするとわかりやすいようです」というように、園で行っている対応方法を具体的に伝えます。そのうえで、今後も○○ちゃんが生活しやすい方法を考えていくことへの協力を求めます。保育者が子どもと真剣に向き合っていること、わが子への対応に、ある程度こまやかな配慮が必要であることなどが伝わると、保護者も直面した事実に目を向け、保育者を信頼していっしょに考えていこうと思うきっかけになるかもしれません。

ふだんからまめにコミュニケーションをとり、園でのようすを伝えていきましょう。そういう日常のやりとりや、面談、保育参加などの積み重ねの中で、保育者との信頼関係を築いていかれれば、保護者も子どものようすに「?」と思うところが出てきます。いっしょに子どもの育ちを見守っていく関係を、焦らずに作っていきましょう。

また、ＡＤＨＤの診断に際しては、「症状が園と家庭など2か所以上で見られる」ということが診断基準の中に入っています。そのため、相談先の医師から保育者に、チェックリストの記入が求められることがありますが、そのときも、ひとりの意見ではなく、複数の保育者が記入するなど、いろいろな見かたを総合して伝えることがたいせつです。

ただ、多くの保育者が同じ意見を持ち、園として、その子の支援を強化したほうがいいと判断した場合は、障がい名にこだわるのではなく、「その子の苦手な部分をサポートする」という視点で、対応を考えていきましょう。また保護者に園でのようすを見学してもらい、家庭で見えにくい集団生活のつまずきを見てもらうといいでしょう。その子の力に合った課題を考え、それを保護者にも紹介して取り組んでいきます。

このようなサポートを積み重ねたうえで、困難さが明確になり、目をそらさずに事実と向き合うことができるようになったとき――その時点で専門機関につなげたほうが、よいでしょう。

case 4

園からの働きかけに反応が乏しい

障がいとどう向き合ってよいかわからないようす。毎日、子どものようすを連絡帳で知らせるが、反応がない。面談などで話をしても「園にお任せします」と、無関心に見える。

園での対応

ざっくばらんに話をするところから

連絡帳のやりとりに関しては、書くことが苦手なタイプの保護者もいます。書くのは好きではないけれど、話をするのは好きという人もいるので、まずは送り迎えの立ち話で仲よくなるのもひとつの方法です。ただ、保育者があまりに熱心になると、遠ざかってしまうことも考えられるので、気軽に話しかけるところから始めましょう。口頭のほうが伝わりやすかったり、相手の表情が見え、反応がつかみやすいこともあります。

また、無関心に思えたのは、子どもの障がいと向き合うことに、内心不安があるからかもしれません。しかし毎日

カウンセラーの立場から

他機関との連携も視野に入れて

無関心なようすの背景に、保護者自身に余裕がない場合もあります。例えば、毎日がとにかく忙しくて食事や睡眠が不十分だったり、ドメスティック・バイオレンスや周囲の人たちとの考えかたの違いなどから、居場所がなく孤立しているのかもしれません。また、悲観的だったり、うつ状態でカウンセリングが必要なこともあります。保護者と話す中で、園だけで抱えることが難しい状況だと判断した場合、ほかの専門機関と連携を持って保護者をサポートしていくことも選択肢に入れておきましょう。そのためにも、保健センターや児童相談所、福祉事務所などと、ふだんか

※ネグレクト…保護の怠慢や拒否により、子どもの健康や安全を損なう行為。児童虐待における行為を4つに分類したとき、その1つとして挙げられる。

子どもと向き合いながら、保護者は育てにくさや不安を感じているはずです。いろいろ話していく中で、保護者が不安を口にすることがあれば、少しずつ互いの距離が縮まってきたわけですから、保護者はその思いに共感する姿勢がたいせつです。ねぎらいながら、より適切な対応について話し合えればよいですね。そして、母親だけでなく、父親は子どものことをどう受け止めているのか、そのほか、同居家族の反応や状況がどのようなものかも、知っておく必要があるでしょう。

なお、母親の無関心さがネグレクト※である場合も考えられます。いつもおなかを空かせている、体が汚れている、傷が絶えないなど、子どもに気になるようすがないか、注意してみましょう。

ら交流を持っておくことが望ましいでしょう。園だけでの対応では限界がないかどうか、見極めることもたいせつなのです。

専門機関でのカウンセリングが必要だと思っても、人によっては、抵抗を示すこともあります。そういう保護者の場合、カウンセリングということばを出さず、「わたしでは詳しいことがわからないので、こちらで相談してみませんか?」などと誘ってみます。また、もっと気軽に悩みを話せる場として、子育て支援センターや児童館の相談窓口などを紹介してもいいでしょう。

「園に行くとしかられてばかり。いやな思いをするから、保育者とは話したくない」と、心の扉を閉ざしてしまっている人もいます。保育者は、いつも子どもの問題行動ばかりを指摘するのではなく、よい行動も伝えることが重要です。問題行動を連絡帳で伝えると、それはずっと残り、保護者は何回も見ることになります。連絡帳には、よかったことをたくさん書いて、問題と思われる行動については口頭で伝えるなど、保護者の気持ちを考えて、対応をくふうしましょう。

case 5

過度な課題を与えようとする

就学前の焦りからか、トイレがひとりでできるように、文字や数字を覚えさせてと、過度な課題を与えようとする。複数の習い事に通い、家庭でのしつけも厳しいようす。

園での対応

保護者のやりかたを否定しないで

「今できることは逃さずやらせたい」というある意味では積極的な気持ちの保護者です。「そんなにやらせたら、子どもに負担が……」と言っても、一生懸命な保護者にはなかなか聞き入れてもらえないでしょう。

保護者が「これはやめさせたい」と思って話すと、保護者もかたくなになってしまいます。保護者が求めていることがその子どもにとって過度だと思っても、あえてそれは指摘せず、「園では今、『こぼさないで食べる』というところにポイントを置いてやっているんです」などと、園でだいじに思っていること、スモールステップで自信を積み重ねていくかかわりをたいせつにしていることを、さりげなく

カウンセラーの立場から

成功体験のたいせつさを伝えて

「その子のレベルに合った課題を与える」のは、簡単なことではありません。最近は育児雑誌などによる情報が氾濫しているということもあり、保護者はどうしてもほかの子どもとわが子を比べ、「4歳だからこれができないと」「隣のAくんはもうこれができるのに」などと焦ってしまうのです。

まず保育者は「○○○ができなくて心配です」と保護者が言ったときには、その焦りを受け止め、決して保護者のやりかたを責めたりしないようにしましょう。そのうえで、発達は個人差が大きいこと、子どもが「できない」と思ってしまうような課題ばかりが続くと、「ぼくはだめな子だ」

伝えていきます。そうやって提供し続けた情報について、保護者にある段階で気づいてもらえればよいというくらいに考えましょう。就学後でも、何か問題に直面したとき、慌てず焦らず対応できるように、「その子どもにとって何がたいせつか、どの程度のことができるか」といった情報を、つねに提供し続けることです。

就学に向けてトイレの問題は大きく、「何とか就学までに」という焦りから、うまくいかないことにイライラして子どもにあたったり、たたいたりすることも心配されます。園は家庭ほど「おもらし」をしても気にならないなど、園のほうがトイレトレーニングを進めやすいということがあります。「園でトレーニングをしますから、ある程度習慣づくまで家庭では無理しなくていいですよ」と伝え、少しでも保護者の焦りを和らげてあげられるといいですね。

また、もし習い事などで、子どもが疲労しているようなら、「最近疲れているみたいですね」などと伝えながらも、せめて園ではその子どもがリラックスしていられるように配慮しましょう。

と自信を失ってしまい、よけいにできなくなってしまったり、保護者のイライラが伝わってプレッシャーとなり、かえって時間がかかってしまうのだということをさりげなく説明します。そして、むしろ「ぼくはできるんだ」と思えるような成功体験を幼児期にたくさんすることが、これからのその子の成長にとってだいじだということを伝えましょう。

ふだんから、保護者会や園のおたよりなどで、「セルフエスティーム（74ページ参照）を育てることのたいせつさ」を、保護者に伝えておくといいでしょう。「この子のセルフエスティームを下げてまで、この課題をさせる必要があるのか」と、周囲の大人はつねに考える必要があるのです。就学前に燃え尽き症候群にならないようにすることも、保護者の役目であることを理解してもらいましょう。

case 6

医師の言うことしか信じない

気になるようすを保護者と話し合い、病院で診てもらったが、「問題ないと言われた。園に障がい児だと決めつけられた」と言われ、その後は、発達で気になることを話そうとしても取り合わない。

園での対応

病院への申し送りは保護者の了解のもとに

おそらく、保護者は園からの受診の勧めをほんとうに納得してはいなかったのでしょう。保育者は病院を勧める前に、十分保護者と話しておくことがたいせつです。その結果、ひとつの選択肢として、専門家に相談するのもいいのではないか、となったとき初めて、受診を検討します。焦らないことがだいじです。

その際、園からの情報を保護者を通して書面で病院に伝えることもできます。園でのその子どものすばらしいところ、少しとまどっているところ、今一番対応に悩んでいるところ、本人がいつも困っていることなどを、客観的な事実として書きます。そして、「今わたしたちが、どのように

カウンセラーの立場から

診断より、ニーズに合った支援を

病院の診察は子どもにとって刺激が少ない環境の中、一対一でかかわるため、その子が集団の中にいるときに生じる問題行動を把握するのが難しい場合があります。そのため、園の情報はとても重要なのですが、時に、その情報が十分に採用（尊重）されなかったり、保育者の先入観が強く表現されてしまっている場合もあります。たいせつなのは、「診断名をつけることではなく、子どものニーズに合った支援をすること」です。何かうまくいかないときには、この原点に戻りましょう。そして、その子がこれから小学校に入って、「集団で何かをするときの苦労や生きにくさはないか?」という視点で、保護者と話し合うことです。

※加算配置（加配）…障がいのある子どもが保育園・幼稚園に入園した場合、「障害手帳」を持っていたり主治医の「診断書」により、市区町村が子どもへの一定の配慮を認め、専任の保育者などを確保できる予算の配布。

対応したらよいかと悩んでいるところを書いたので、これについても病院で相談していただけるとありがたいです」と言って保護者に預けます。内容は事前に保護者にも見てもらい、「寝耳に水」ということのないように。日ごろからその子どもの姿と保育者の対応をこまめに伝えていれば、保護者がその病院あての書面を見ても、驚いたり、不信感を持ったりすることはないはずです。

そして、「病院で問題ないと言われた」と保護者から聞いたら、「そんなはずはない」と思ったとしても、「よかった。ひと安心ですね。園では引き続き、○○くんにとっていいと思う対応をしていきますので、また情報交換していきましょうね」とつなげていきます。

また、病院に行くことで保護者にとってショックなことをいろいろ言われることもあります。それだけつらい思いをするのですから、もし障がいの診断がついて、加配※がついた場合、園はその人員をその子どものために十二分に活用しましょう。そうすれば保護者に「診断を受けたことでこれだけのケアをしてもらって、子どももこんなに成長した。病院に行ってよかった」と思ってもらえるかもしれません。最善のケアをするのは病院を勧めた園の責任でもあるのです。

保護者から「うちの子が障がい児扱いされた」と言われた場合は、「伝えかたに誤解されやすい表現がありました。申しわけありませんでした」と、すなおに謝りましょう。そして、必ず園全体で、どうしてこうなってしまったのかを話し合います。例えば、「障がい名は出さない」など、その保護者へのこれからの対応ルールを、保育者全員で確認しておくことがだいじです。

また、園から病院を紹介するときも、抵抗が強い場合があります。保健センターなどを紹介されたほうが保護者にとって気が楽ということもあるので、病院ばかりにこだわらないようにしましょう。地域によっては相談場所が限定されますが、連携する関係機関のネットワークを作っておくことが重要です（第6章221ページ～参照）。そして病院とも、ふだんから相談できるような関係を作っておくといいでしょう。

最近は、高学歴で社会的地位の高い母親が増えています。保育者が専門性を高め、時として先端にある理論や情報を伝えることで、信頼関係が深まる場合もあります。共感を示すことで安心する人、専門的な内容を伝えることで納得する人など、保護者も多様化してきています。保育者に求められることも時代とともに変わってきているのではないでしょうか。

case 7

虐待が疑われる

「子どもをまったくかわいいと思えない」と言い、子どもの体に不自然なアザがある。これって虐待？……

園での対応

子どもの成長を実感すると「かわいい」と思える

偏食、眠らない、言っても聞かない、会話ができない……となると、保護者は精神的に参ってしまうと思います。まずは「イライラしますよね」「ほんとうにたいへんですよね」と共感の気持ちを伝えましょう。ぎりぎりのところでがんばっているので、そう言ってもらえるだけでホッとする保護者は多いものです。

たたいたりしているということを保護者がはっきり言わない場合でも、何か心配なようすが見られたら「どんなところがたいへんですか」と聞き、「そんなときは、こうしてみたらどうですか？」と提案するなど、保護者のたいへんさを軽減する具体的なアドバイスをしていくとよいでしょ

医学的立場から

システム作りと保護者への伝えかたを検討して

保護者から相談してきた場合はSOSを出しているということなので、通報よりもまず保護者の話を聞くことだと思います。ただ、難しいのはこの1～2年の社会情勢からすると、突発的にやったことで命を亡くしてしまうケースがあるということ。まったく保護者からの相談もなく、話もできないような状況の場合は、やはり通告という手段をとるしかないのかもしれません。

保護者のパーソナリティーによって対応も変わってきますが、遠回しな言いかたより、「ごめんなさい。お母さんが今やっていることは『虐待』になってしまうのです。かわいいと思うか思わないかというよりも、お子さんに対する

※一時保護…家庭の問題など、さまざまな事情で保護が必要な子どもを児童相談所により一時的に預かり、その間により良い解決法を考えていく。期間は保護の目的を達成するために必要最小限の期間。

う。軽度発達障がいのある子どもの場合、保護者が子どもの特性を理解していないと、なんとか「しつけ」で言うことを聞かせようとし、それが虐待につながってしまうケースもあるようです。障がいを理解して、つきあいかたがわかってくると、保護者はだいぶ楽になります。それと並行して、園でもその子どもの持っている能力を伸ばすかかわりをし、よさを褒め、保護者に伝え続けます。保護者はその子どもが成長して、会話ができるようになったり、思いが伝わったことを実感すると、「かわいい」と思えるようです。

ただ、保育者があまりに専門家ぶって「こうしたら？」と言うと、「わたしはダメな親」と自信をなくしてしまう保護者もいます。保護者の前で子どもが安定しているようすが見られたときは、「わたしたちではこうはいかない。やっぱり親子ですね」などと伝えましょう。親としての自信を付けることも、とてもたいせつです。

虐待の状況はよく見て判断し、命にかかわるなど、危険だと思ったらすぐに通告するという観点は忘れずに持ち続けてください。油断は禁物です。ただ、園に来ているうちは安心ともいえます。毎日登園し、保護者とのコミュニケーションが絶たれず、子どもも元気そうであれば、親子関係が悪化しないように、保護者が精神的にリラックスできる配慮を心がけましょう。

行動に注目しなければなりません。わたしたちは専門家として、その疑いがある場合には通報しなければならないのです」とはっきり伝えたほうがよいケースもあります。また、保護者から相談してきたのは、だれかに止めてもらいたいと思っているからかもしれません。その場合、「通告の義務」を伝えることが、その保護者にとってブレーキになることも考えられます。

一方、思わずたたいてしまってから、はっと気づいておろおろするという保護者の場合は、「たたきたくなったら電話してください」と言い、しばらくバックアップ態勢をとります。それで頻繁に連絡がくるようなら、「こんなにつらいのなら、少しお子さんと距離をおきませんか」と、関係機関に相談することを勧めます。※一時保護を考えるというのもひとつの方法です。

虐待の好発年齢は0～4歳といわれ、その年齢の子を預かる保育園、幼稚園の役割はとても大きいものです。そして、児童相談所など、地域内での連携が図れ、通告後もその親子をしっかりと見ていく態勢が整っているかどうかがとても重要です。きちんとしたシステムが整っているなら、保護者から相談を受けたときに、「こういうシステムによる支援の方法がある」とオープンに話したほうが、よい方向に進むということも考えられます。

column

「不適切な養育」を防ぐために

ここでは、「虐待」を広く「不適切な養育」ととらえ、軽度発達障がいのある子どもと保護者の子育てにおける厳しい状況を理解し、保育者として何ができるのか、考えていきましょう。

軽度発達障がいと虐待

まず初めに断っておきますが、軽度発達障がいのある子どもと虐待との因果関係や関連は証明されているわけではなく、また、軽度発達障がいのある子どもの多くが虐待されているという確証もありません。

ただ、臨床の現場では、軽度発達障がいのある子どもとどう向き合ったらよいのかと途方に暮れ、不安でいっぱいの保護者によく出会います。そして、「つらく当たってしまう」「この子さえいなければと思うことがある」「ついイライラしてたたいてしまう」などという声は聞かれます。

保護者が追い詰められる要因

軽度発達障がいのある子どもの「育てにくさ」というのはまちがいなくあります。例えば、ADHDのある子の場合、何回言っても注意が届かない、乱暴、わざと困らせているように思える、といったことで保護者にはイライラ感が生じやすくなります。また、広汎性発達障がいのある子の場合、早い段階での親子の関係が築きにくく、保護者はわが子がわからない、かわいいと思えないという感情を抱き、自分が思い描いていた子育てのイメージからどんどん遠ざかってしまいます。これらの状況からイライラがつのり、それがときに爆発し、「不適切な養育」に発展するということも否定できません。

このような軽度発達障がいのわかりにくさは、周囲から「育てかたが悪いから」「愛情不足」といった誤った見かたにもつながり、さらに保護者は追い詰められます。また、障がいの特性を理解したうえでの対応も周囲から理解されにくいため、甘やかしているとか、注意をしないといった誤解を招くことも少なくありません。

例えばADHDのある子の保護者の場合、かかわりかたのポイントとして「悪い行動を評価しないために、泣いても無視をする」ということがあります。しかし、そのかかわりが周囲からは「どうして泣かせておくの?」「なんでほうっておくの?」と見られてしまいます。

また広汎性発達障がいのある子の保護者の場合、「この子に対しては、はっきりとした言いかたがいちばん伝わりやすく、適したかかわりかただ」ということを体得しています。したがって、子どもへのことばかけも、「行くよ」「やらない」「ダメ」といった、短くストレートなものになります。それは一見冷たい印象を抱かせ、周囲からは「親が冷たいから子どもと目が合わないんだ」「もっと愛情を持って接して」と責められたりします。

このように周囲の誤解から、保護者は「わかってもらえない」という孤独感にさいなまれ、しだいに「やっぱりわたしが悪いのかもしれない」と自分を責めてしまう……これが、軽度発達障がいのある子どもを持つ保護者が追い詰められる大きな要因です。

保育者は保護者を支える存在に

一方、子育てにおいてプラスの要因となるのは、子どもとかかわる中で見つかるささやかな喜び、楽しむ心です。そして、それらを気づかせてあげられるのが乳幼児期の親子にかかわる保育者でもあります。

まず保育者は、プラスの表現で子どもを語ることを心がけてください。「わがままですね」ではなく、「何かしたいという思いが優先しちゃったんですね」「すごい集中力で、その周りが見えなくなったんですね」と表現することで、その子に対するイメージが変わってきます。

保護者が「ほんと、うちの子乱暴で……」と言ったとき、保育者には、「わたしは乱暴とはとらえていません」と言ってもらいたいと思います。「力の加減がうまくいかないようだけど、Aくんのやさしさは、見ていてわかるんですよ」などと、プラスの表現で伝え、「乱暴ではないと思いますよ。このあいだBちゃんが泣いていたら、一番先に来てくれたのはAくんなんですよ」というように、日常の場面を挙げながら、より具体的に子どもを語ってください。このようなことばにより、今までネガティブなことばを浴び続けた保護者の気持ちは和らぎ、またわが子に向ける視線がやさしくなることが考えられます。

そのほか、保育者が養育を支える方法として、障がいのある子ども自身の支援（保育）はもちろんのこと、保育時間の延長によって保護者が子どもと離れる時間を保障するなど環境作りのサポート、配偶者や親族は協力的か、地域における支援システムは機能しているかを見ていく、といったことが挙げられます。しかし基本は、軽度発達障がいのある子どもとその保護者の置かれた状況を正しく理解し、温かく見つめる目です。保育者はつねに保護者の身近にいる強力な理解者、支援者であってほしいと思います。

（田中康雄）

case 8

子どもの将来に希望が持てない

3歳児健診の際、病院に行くように勧められ、その後、自閉症と診断を受けた。保護者はなんとか受け入れようとしているが、かなり落ち込み、これからの将来が不安でしかたがないという。

園での対応

今、必要なことを考えて

「結婚できないのではないか」「親がいなくなったら、この子はどうなるんだろう」と、保護者は先々まで心配してしまうものです。先を見通すことはだいじですが、このような場合、あまり先を見すぎると余裕がなくなってしまうので、まずはスモールステップでひとつひとつ、今必要な対応が何かを、整理して保護者といっしょに考えていきましょう。

一般的にこうした保護者はまじめで、うまくいかないと自分を責めてしまうようなタイプが多いと思います。保育者が提案する対応のしかたがあまりにも理想的すぎると、

カウンセラーの立場から

親の会などを紹介しても

一般的に軽度発達障がいは、まだ認知度が低い障がいです。母親が悩んでいても、夫や親せきからは「これってほんとうに障がい？」などと疑問を投げかけられることもあります。一見、障がいがあるように見えず「だれでも努力すればできそうなこと」ができないために理解者を得るのが難しいのです。そのため母親は孤立し、悩みを人に相談できずに、ひとりで抱え込んでしまいます。

また、例えばアスペルガー症候群のある子だと、就学前から、駅や虫の名まえをスラスラ暗記したり、教えなくても文字や数を書いたりするので、家族は「天才かもしれな

それができないことでまた落ち込んでしまうこともあるので、気を付けましょう。まずは保護者がよくやっていることを認め、不安な気持ちに共感します。そして対応についてのアドバイスも、一度に多くのことを言わずに、ひとつずつ提供したほうがよいでしょう。

また、ある程度保護者との信頼関係が築けていることが前提ですが、例えば高機能自閉症やアスペルガー症候群のある子どもを持つ保護者の場合、「関心のあることに、とことん取り組むことができたり、ほかの人にはまねできない、すばらしい能力を持っているのだから、それを伸ばしてあげましょうよ」と言うと、少し楽になることもあります。保護者もその子どもの抜き出た能力を知っているはず。マイナス面ばかりに注目して悲観的になるのではなく、その子どもが、周りからすごいと認められ、自信が持てて、能力を伸ばしていくほうが、ずっといいはずです。

ただ、気休めはよくありません。こういうところでつまずくかもしれないということはしっかりと伝え、でも、こういうところがすばらしい、こういう対応をすることでずいぶんつきあいかたが楽になる、というように、ポジティブな見かたに変えていくことがたいせつです。

い」と喜んだ後、「自閉症の一種です」と、障がい名を告げられるという経過をたどることがあります。この場合の家族の落胆は想像以上のものでしょう。

こんなとき、同じ悩みを持つ人どうしが話し、共感することが救いになることもあります。孤立を防ぐため、親の会のようなサークルを紹介することも支援のひとつです。初めは体験を話しながら涙ぐむ参加者も、回数を重ねるうちに笑顔を取り戻します。「いろいろな人と出会い、子どもに障がいがなければ知らずにいたたいせつなことを学ぶことができた。この子に感謝したい」と、つらい過程を経て、啓発活動に積極的に参加している保護者の姿が、目標になることもあるでしょう。

ただ、注意したいのは、このような親の会を勧めるのは、診断がついて、保護者が仲間を欲していたり、障がいのことをもっとよく知りたい、というようすが見られてからのほうがよいでしょう。決して無理強いせず、「こんなところもありますよ」というひとつの情報として提供できるとよいと思います。

case 9

家族の理解が得られない

母親は子どもの障がいを受け入れ、向き合っていこうとしているが、父親は障がいを否定し、また祖父母は母親のしつけのせいだと非難。家族の理解を得られず、母親がひとりで悩んでいる。

園での対応

父親の思いを知る努力を

家族からの理解を得られず、母親はどんなに孤立し、苦しんでいることでしょう。保育者は、できるだけ母親の心の支えになれるよう、相談に応じたいものです。家族の理解が得られないことによる弊害は、いくつか考えられます。

●母親が孤立し、時に育児不安を強く持ってしまう
●夫婦関係がうまくいかない
●子どもへの適切な支援ができず、情緒面に不安が生じてくる
●子どもの行動に対する適切な対応を徹底させることができない（パニックに注目しないようにしたいのに、祖父母などがかまってしまう、など）

カウンセラーの立場から

家族での話し合いをセッティング

保護者のサポートを考えるとき、一番の課題は、「周囲の理解を得ること」。障がいのある子の症状そのもの（落ち着きがない、こだわりがあるなど）が問題というより、それが「本人はやめたくてもやめられないことである」ことが理解されず、周囲からしかられたり、軽蔑されたりすることで、本人のセルフエスティームが下がって、二次的情緒障がい（74ページ参照）につながってしまうことがあるのが問題なのです。

その意味でも「家族の理解」はキーポイント。家族内の支援があるかないかで、子どもや保護者の状態には大きな違いが出てきます。母親がひとりで問題を抱え込んだり、

園では、夫婦そろって面談する機会を作り、父親の思いを知る努力をしていくとよいでしょう。子どもの障がいということで話を進めるのではなく、よりよく子どもを理解し、支援していくにはどうしたらいいかを今後もいっしょに考えていきましょう、というスタンスで、次回の面談につなげていくことがたいせつです。決して「うちの子どもを障がい児扱いした！」と保護者が受け止めることのないよう、細心の注意を払って話しましょう。こういう場面では保育者はとても緊張して、焦ってしまうものです。新人保育者の場合は、主任もしくは園長に同席してもらったほうがよいでしょう。そして、保育者が複数で臨む場合は、必ず事前に面談の内容と方向性について確認して共通の認識を持つようにしましょう。

　また、療育機関を利用している場合、医師や療法士と連携することで、父親と話をする機会を作ってもらうのも有効です。父親の子どもへの理解が深まれば、やがて祖父母の態度にも変化が現れることでしょう。

意見のすれ違いから離婚に発展してしまう場合もあります。そうなる前に、家族が目ざすことはひとつ。「子どもの生きにくさの軽減」であることを、家族全員で確認し合うことがたいせつです。子どもへの対応を同じにするように家族全員が確認することで、子どもの状態がよくなるということもあります。

　ただ、家族だけでは、なかなか冷静に話ができないこともあります。非難し合ってお互いに傷つき、何も進展しない状態が続くようでは、子どもの心も不安定になってしまいます。父親と母親がそろって面談をするなど、その場を第三者がセッティングすることも、支援になります。保育者が間に立ったり、保健所や病院などの巡回支援者に協力してもらってもいいでしょう。

　また、子どもに軽度発達障がいがある場合、家族にもその傾向があることがあり、そうすると問題がさらに複雑になっていることもあります。安易な判断は好ましくありませんが、もし、保護者と子どもの問題が二重になっているようであれば、専門機関での意見を聞きながらていねいな対応を心がけることをお勧めします。

case 10

弟のほうばかりに愛情を注いでいる

障がいのある子どもの将来に希望を失い、両親とも、その弟に期待。弟ばかりに注目しているようすがあからさまで、弟も障がいのある兄のことを、少し見下しているようすが見られる。

園での対応

その子どもの成長を保護者といっしょに喜んで

弟ばかりに注目してしまう場合、保護者自身も、実はどこかうしろめたい気持ちでいると思います。保育者は、「この子どもにも目を向けてください」などと言って保護者をさらに追い詰めてしまうことのないようにしましょう。気持ちに余裕がないと、なかなか子どもとは向き合えません。日ごろから保護者の育児のたいへんさに共感し、ぐちを聞いたりしながらリラックスできるようなかかわりを心がけることがたいせつです。

そのうえで、障がいのある子どもにも注目がいくようなかかわりを考えましょう。どんな障がいのある子どもも必

カウンセラーの立場から

きょうだいの支援システムが重要課題

アメリカでは、この種の問題を取り扱った本や、保護者が障がいのある子のきょうだいといっしょに読む絵本や、カウンセリングプログラムなどがありますが、日本ではまだ不十分で、今後、きょうだいの支援システムが、日本でも重要な課題となってくるでしょう。

きょうだいに障がいがある場合、次のようなことが問題として起こってきます。

1. 事例のように、保護者が障がいのない子ばかりに愛情を注ぎ、障がいのある子がネグレクト状態になる。

ず成長します。そして成長にしたがって、「あのころに比べると、こんなこともあんなこともできるようになった」と感じるときがくるはずです。特に軽度発達障がいのある子どもの場合、コミュニケーション面での成長が見られることが、保護者にとってはとてもうれしいことなので、園での生活で会話ができるようになった、友だちとのかかわりが出てきた、といった成長の変化をこまめに伝えて、保護者といっしょに喜びましょう。

　弟が兄を見下すというのは、保護者の子どもへの対応の影響によるものが大きいと思います。保護者が障がいのある子どもの良い面を見つけ、きょうだいそれぞれの存在を同じようにたいせつにするなど、かかわりかたが変わってくれば、弟の兄への見かたも自然に変わってくるでしょう。ただ、障がいのあるきょうだいへの遠慮やがまんが過剰になると、今度はそのきょうだいの精神状態が心配です。障がいのあるきょうだいのことで友だちからいじめられたり、「お兄ちゃんがいるから、友だちを家に呼びたくない」と言ったとき、保護者がどれだけその子どもの気持ちを受け入れられるかということもたいせつでしょう。障がいのあるきょうだいを持つ子どもの気持ちを保護者が理解して、ひとりひとりを尊重してしっかり見ていくことがたいせつだということも、機会を見計らって伝えていきましょう。

---

2. 障がいのある子ばかりに保護者がかかりっきりになり、そのきょうだいが見捨てられたように感じて落ち込む、または反抗的な態度をとる。

3. 障がいのあるきょうだいがいることで、いじめにあったり、引け目を感じたりしてふさぎがちになる。

　1の場合は、保護者のカウンセリングが有効な場合があります。2、3の場合は、きょうだいの年齢にもよりますが、障がいについて子ども向けに書かれた本を親子でいっしょに読むなどして、きょうだいの障がいを理解するのもいいでしょう。

　保護者は、今は若く、とにかく目先の困難と向き合うことで精いっぱいで、将来のことなどなかなか考えられないものですが、いずれ保護者が亡くなったら、サポートの中心になるのはきょうだい。そういった意味でも、きょうだいがよい関係を築けていることはとてもたいせつです。

　例えば、療育キャンプなどに家族ぐるみで参加し、同じ境遇のきょうだいとの交流を深めるというのもひとつの方法です。

保護者と作るサポート態勢

保護者といっしょに子どもをサポートしていくため、園では具体的に何ができるでしょうか。入園、就学などの節目や日々の生活の中で、保護者との連携が特に重要になるポイントをピックアップして解説します。

入園〜面談

新入園児の受け入れは、保護者との関係作りのスタートともいえます。軽度発達障がいを視野に入れて考えたとき、あらかじめ障がいがあるとわかって入園してくる場合と、入園後に気になるようすが見られる場合とでは、保護者への対応も違ってきます。それぞれのケースにおける、新年度の受け入れと面談の持ちかたについて、ポイントを押さえておきましょう。

●障がいがあるとわかって入園した子どもの場合

あらかじめ障がいがあるとわかって入園してくる子どもの場合は、入園時の面談から、目的を持って行うようにしましょう。ただ、決して問いただすような質問にならないよう、温かい雰囲気の中で必要な内容を伝え合うようにします。一度に聞き出そうとせず、回を重ねて信頼関係を築きながら、徐々に面談を重ねていくようにしましょう。

〈保護者から聞きたいこと〉

1 発達の現状

・食事、睡眠、排せつ、着脱などの自立度
・ことばの獲得、理解の度合い、会話の成立
・多動傾向の有無
・こだわりの有無
（ある場合は、どんなことやどんなものに？
パニックを起こすとしたらどんなパターン？
そのとき保護者はどう接している？　など）
・薬物の使用の有無、もしあれば病名、病状について

2 保護者の思い

・家庭生活での対応のしかた、気を付けていること

・子どもの成長に対する考え、悩み

・園への要望

・ほかの保護者に情報公開をするかどうか。また、するならどんな形でしたいと考えているか

〈園から伝えること〉

1 医療機関からの情報提供のお願い

入園にあたっての具体的な情報（子どもの現状、対応についての助言など）を、園あてに書面で知らせてもらうように、保護者から医師へ頼んでもらう。

2 専門機関利用の継続のお願い

専門機関からの助言が保育に必要だということを理解してもらい、利用の継続をお願いする。

3 園ができること・できないこと

どこまで配慮してケアができるか、しようと思っているか、また職員の配置など、園の現状を正直に伝える。期待されてもこたえられないことがある場合は、はっきりと伝え、保護者の同意を得るようにする。

4 保育方針と今後のこと

園の方針や考えかたを伝え、具体的な対応とその意味が保護者にも理解できるように話す。また、日々の情報交換として連絡帳を設けたり、定期的な個人面談の実施を提案してもよい。そして、保護者の思いもくみながら、焦らずにあるがままの姿を受容し、子どもの成長、園生活、行事、就学など、今後の見通しについても、いっしょに考えていきたいという保育者の姿勢、思いを伝えることで、園がサポーターになってくれるという安心感を持ってもらう。

●入園後に障がいが気になり始めた子どもの場合

　入園後になんとなく気になるようすが見られる子どもがいた場合、いきなり「面談」とせず、保護者との関係作りからスタートしましょう。気になるようすについても、最初の数か月は保護者にあまり具体的に伝えないほうがいいでしょう。送迎時の対応の範囲で、「新しい環境に少しとまどっているようですね」「初めての空間を探索中のようです」と話すくらいに留め、むしろ「おうちではどうですか？　何か心配なことはありませんか」など、保護者の思いや家庭でのようすを聞くようにします。

　このようなコミュニケーションの中で、保護者から「〇〇が心配」「手を焼いている」などのことばが聞かれたら、その機会を逃さず、「園でもようすを見ていきます」「またゆっくりお話できるように声をかけますね」と言い、しばらくしてから「その後どうですか？　もしお時間いただければ情報交換したいと思っているのですが」と面談の機会を持てるように提案してみます。

　なお、特に保護者からの反応がない場合でも、入園から2か月くらいしたころに、家庭と園との情報交換として、面談を設定できるとよいでしょう。面談は1回で済ませようとせず、回数を重ね、信頼関係を作りながらていねいに進めていきます。「1回目は保護者と知り合うことが目的」くらいに考え、2回目以降に少しずつ本題に触れられるようにしましょう。「しばらく定期的にこのような時間を持つのはどうでしょうか」と持ちかけ、次回の約束を取り次ぐようにするとよいでしょう。

　何度かの面談をとおして保護者の思いや傾向を探ることができます。相手の感触に応じて話の持っていきかたを検討していきましょう。

　さらに望ましいケアを見いだすためにも、面談の中で療育センターや病院などの専門機関を利用することによるメリットを、情報として伝えるといいでしょう。

〈専門機関利用のメリット〉

・子どもを客観的に理解できる
・園が、専門的な立場でのケアについて知識を得られる
・専門家による定期的な訓練が可能になるかもしれない
・相談場所が増える
・医師の所見や診断書があれば、園での加算配置（加配）が可能になり、よりきめこまやかなケアが行える、など

なぜ保護者に子どもの状態を認知してもらいたいかというと、決して、園が子どもに手を焼いていることを伝えたいわけではありません。あくまでも園の生活にとまどい、困っている子どもたちにとって、もっとも効果的な対応策を見つけたいからです。困っているのは園ではなく、子どもです。対応のひとつとして、加配など、園での個別的なケアシステムを整えるには、保護者の理解が必要なのです。

加配を得るためには、専門医による所見や診断が必要です（地域によって制度の違いはあります）。しかし、まだ専門機関へ相談に行くことに迷っている保護者の場合は、専門機関へ行くことを無理に求めず、保護者の気持ちに整理がつくまで待つほうがよいでしょう。無理をして保護者との信頼関係を壊してしまってはいけません。専門機関の利用や軽度発達障がいについての情報は、面談の中で提供はしても、それをどのように受け取るかは、保護者の主体性をたいせつにし、保護者はひたすら子どもへの最善のケアの実践に努めることです。

保育者が専門機関に相談する場合

保護者との話がなかなかうまくいかず、園内でも相談相手が得られない場合、まずは保健センター、保健所、子育て支援センターなど、近くの専門機関を訪ねてみましょう。療育機関、病院でも相談に乗ってくれるケースワーカーがいるかもしれません。

なお保育園の場合、3歳児健診など定期健診の前に保健センターに連絡し、個別に相談しておくことで、対象の子どもに対し、ていねいに行動観察をしてくれるということもあります。

ただし、子どもの情報については守秘義務がありま す。互いの立場を尊重したうえでの限定した相談になると思います。

連絡帳

幼児になると、連絡帳がなくなることも多いようですが、軽度発達障がいなど、特に個別の支援が必要な子どもの場合、連絡帳を個別に作り、やりとりを行うことを保護者に提案してみるとよいでしょう。園と家庭でお互いのようすを伝え合うことが、その子どもの支援におおいに役にたち、また、保護者の不安や思いを知るきっかけにもなります。保護者によっては、口頭よりも文章のほうが思いを表現しやすいこともあります。保育者は保護者の気持ちに共感しながら、園でのようすとその具体的な対応について伝えていきましょう。

ただ、記入の際の表現方法などには十分な配慮が必要です。軽度発達障がいのある子どもの場合、子どものようすを伝えるとなると、つい園で起こったトラブルなどを記入しがちになります。毎日「今日もAくんをたたきました」「○○がいやだと言ってパニックを起こしました」などといった「いやなこと」ばかり書かれていると、保護者も連絡帳を見たくない、書きたくないと思ってしまいます。その子どもにある課題とその対応については事実として伝え、日々の子どものようすは、よいところをたくさん見つけて書いていくことと、保護者が見るのが楽しみになるような連絡帳にしていくことがたいせつです。

懇談会

クラスの保護者に理解がないと、軽度発達障がいのある子どもの行動に対して心ない批判、非難など、その子どもの保護者にとって、懇談会でのやりとりがとてもつらい内容になることがあります。その点を保育者は十分理解したうえで、保護者が非難の対象になったり、孤立したりしないよう、クラスの保護者への働きかけについて、十分心を配りましょう（178ページ参照）。

それでも、軽度発達障がいのある子どもの保護者は、クラスの懇談会では悩みの内容も違うため、なかなか共感できず、居心地が悪かったりすることがあります。そこで有効なのが、同じ課題を持っている保護者どうしで話し合う機会を作ることです。できれば、軽度発達障がいのある子どもの保護者として、卒園児の保護者などOB・OGにも参加してもらえるとよいでしょう。保護者どうしで悩みを打ち明け合ったり、アドバイスし合ったりすると、「つらいのは自分だけではないんだ」とほっとできることもあります。また、OB・OG

がみずからの経験から話をしてくれることで、適切な情報交換の場となり将来の見通しや希望も持てるなど、有効な集まりになることもあります。

なお、クラスの懇談会では議題に挙がらない情報交換も可能です。例えば、「障がいのある子どもの就学問題」「きょうだいに障がいをどう伝えるか」「受けられる福祉サービス」「障がいに関する講習会」など、今保護者が知りたい情報交換も気軽に行うことができます。

就学相談

軽度発達障がいのある子どもの保護者にとって、就学はとても大きな問題です。障がいを受け入れたように見えても、年長になって就学が近づくと、「できれば、みんなと同じような就学を」という思いが強くなる場合もあります。保護者としては、あたりまえの感情でしょう。しかし、そのために生活習慣の自立を焦って厳しくしつけようとしたり、無理に塾に通わせたりすることで、子ども自身が非常に苦痛を感じている場合もあります。

保護者に、子どもにとってベストな選択をしてもらうため、保育者は保護者といっしょに子どもの状態をあらためて確認する必要があります。その中で保育者は何をするべきか、いくつかのポイントを挙げてみます。

●就学についての情報を集める

保育者は保護者に、今その子どもにある課題と関連させながら就学に向けて必要な情報を提供します。そのためにも保育者は、研修会や公開授業などに積極的に参加し、正確な情報を集めましょう。

例えば、各自治体で行われる保育者向けの就学相談研修会（東京では毎年8月下旬）に参加し、そこで得た情報を保護者に提供するとよいでしょう。各市区町村の教育委員会において行われる就学相談についても、結論を出すまでに十分な時間が必要だと思われるケースについては、早めに出かけて相談を重ねたほうがよいと勧めてみます。

また、保育者は教育委員会の就学相談担当者にこまめに連絡や相談をすることで、あらかじめ継続的によい関係を作っておくこともたいせつです。

子どもに適した環境を探り冷静な判断を行うためにも、就学前にあらためて発達検査などで再評価することを保護者に勧めてみてもよいでしょう。ただし、拒否する保護者もいるので無理強いは禁物です。

●保護者といっしょに動き、支援する

各種手続きや体験授業など、障がいのある子どもの場合、就学に向けて行うべきことがたくさんあり、それらすべてを保護者だけで単独に進めていくのは心身ともにたいへんなこと。そこで、親子のいちばん身近にいる保育者は、体験授業や見学などにはできる限り同行し、いっしょに悩み、励まし、共感しながら、それでいて伝えるべきことは伝えながら支援していきましょう。

〈知っておきたい就学先と情報入手のしかた〉

・養護学校…秋以降に行われる説明会・学校公開に出向き、見学する

・普通級・身障級（特殊学級）…卒園児の保護者などから情報をもらい、授業参観を見学したり、公開授業などがある場合は積極的に参加して現状を知る

※そのほか、「通級の情緒学級」（知的な遅れの見られない軽度発達障がいのある児童が必要に応じて在籍校から通う）や、最近いくつかの自治体で検討され始めている「特別支援教育」[※]のありかたについては、自治体によって、その取り入れかたに差があるので、各地域の教育委員会に問い合わせてみましょう。

ただ、最終的に結論を出すのは保護者です。保育者がその子どもにとって最善の道を考えて話をしても、保護者やその家族にはそれぞれの価値観や考えがあります。保育者は、意見が食い違っても、そのことで悩んだり、落ち込んだり、怒

※特別支援教育…通常の学級に在籍する、軽度発達障がいを含めた特別な支援を必要とする児童に対する教育。ひとりひとりの能力や可能性を最大限に伸長する多様な教育の展開を目ざし、各地で検討が進められている。

ったりせずに、保護者の最終的な結論を尊重してほしいと思います。迷いの末の決断ですから、いつでも何か心配なことや問題が生じたら、前向きに次の手を考えていこうと支援してください。保育者は子どもの未来を信じて、保護者が自信や勇気を失わないように励ましていくという役割を忘れないでほしいと思います。

●就学前後に予想されることを伝える

就学先が決まったからといって、保護者の不安がなくなるわけではありません。環境の変化への対応が苦手な軽度発達障がいのある子どもたちにとって、新しい環境に身を置かれることがどれだけたいへんなことなのか、就学前後で予想されることを保護者に伝え、心構え、準備をしてもらうとよいでしょう。例えば、入学式のパニックが予想される子どもの場合は次のようなことを伝えます。

・入学式の前に、ランドセルを背負って帽子をかぶって通学路を歩いてみたり、学校の下見をするとよい
・入学式に着ていくものを前もって試着し、式ではどんなことが行われるか、当日のようすが想像できるように子どもに伝えておく
・保護者が必要だと思ったら、あらかじめ担任に、子どもの苦手な部分、「こんなときにはこんな対応をするとよい」といったようなことを伝えておくのもよい
・「入学式ではパニックを起こすかもしれないが、決して、子どもを責めたり、悲観したりしないように……」などと話し、保護者自身の心の準備をしてもらう　など

ただ、これらを伝えることでかえって保護者の不安を高めることのないよう、伝えかたには十分注意し、情報提供も保護者のようすを見ながら行うようにしましょう。

保育者は二人三脚、三人四脚のつもりで保護者といっしょに子どものみかたをし続けてほしいと思います。歩調を合わせないと転んでしまいますから。

クラスの保護者の理解を得るには

園が親子にとって、過ごしやすく居心地のよい場となるためには、クラスの保護者の理解を得ることが重要です。クラスの保護者に障がいのある子どもたちを正しく理解してもらうには、どうしたらよいのでしょうか。

わかりにくい障がいは理解を得にくい

軽度発達障がいのある子どもが起こしやすいトラブルとして、友だちとのけんかや、友だちにけがをさせてしまうことなどが挙げられます。保護者によって、子どものけがに対して持つ感情は「よくあることですよ」と、あまり気にしない人から「うちの子どもにけがをさせたのは、だれですか」と、感情をあらわにする人までさまざま。いずれにしても、自分の子どもが傷つけられて気持ちのよい保護者はいません。この部分は保護者がとても神経質になるところです。たびたび、わが子にけがをさせられれば「なんでうちの子どもばかり、こんなに傷つけられるんだろう。保育者はもっと注意してほしい」「なんて、乱暴な子どもなんだろう。親のしつけが悪いのかしら」などといった感情がこみ上げてくることもあります。そして、その子どもや保護者に対して、悪い感情を抱いたり、保育者や園での対応を非難したりすることも起こりがちです。一見、障がいがあるように見えない子どもであるからこそ、理解を得るのが難しいのです。

ただし、軽度発達障がいのある子どもにとって、周囲の人々の理解を得るのはとてもたいせつなことです。周囲からの理解を得ることで、トラブルがトラブルでなくなったり、ハンディがハンディでなくなることもあります。

お便りで伝える方法も

では、クラスの保護者の理解を得るためにはどうしたらよいのでしょうか。

まず、その子どもの障がいについて公表するという方法があります。しかし、すべての保護者が自分の子どもに障がいがあることを公表して、理解してもらいたいと思っているわけではありません。障がい自体を受け入れられない保護者もいますし、自分の子どもに障がいがあることは受け入れようとしているけれど、ほかの保護者には知られたくないという気持ちの保護者もいます。クラスの保護者に伝えるかどうか、また伝えるとしたらどのように伝えるかは、当事者の保護者の気持ちを第一に、園と保護者双方の了解のうえで進めていきましょう。

公表して理解を求めたいと思っている保護者の場合は、クラス便りなどをとおして理解を促していくという方法も有効です（180ページ参照）。そこで障がいの一般的な特徴や、その子どもの持つ特性を伝えていくのです。それと同時に、障がいのある子どももそうでない子どもも、ともにクラスの一員として生活し、育ち合っていくことのたいせつさをきちんと伝えていく必要があります。そういったことが抜け落ちてしまうと、障がいの特性のみがクローズアップされ、かえって「障がいのある子どもだから」という偏見の目で見られてしまうこともありえるからです。公表するお便りについては、一度保育者が書いたものを、その障がいのある子どもの保護者に見せて、内容の了解を得たうえで発信するようにしましょう。

これらのことが明かされることによって、みなさんが○○くんのことを違った目で見ることがないように願っています。むしろ、子どもを取り巻く大人たちが、少しでも○○くんへの理解を持つことにつながってくれればと思います。それは、○○くんのような子どもたちの社会適応に不可欠な環境だからです。「周囲の理解」があれば、彼らはりっぱに社会適応の道を得られるのです。

親御さんもそれを願って、今回の情報公開に踏み切りました。○○くんのようなお子さんを持つ親御さんには、当事者にしかわからない葛藤、悩みが尽きないことが現実です。大人どうしもお互いが励まし合える仲間になれることを願っています。

※高機能自閉症とは…

自閉症とは、その文字が示すような、自分の殻に閉じこもって周囲の人に打ち解けないというような障がいや状態ではありません。

軽度発達障がいのひとつですが、現在のところ原因不明で、完全に治ることはないといわれています。

自閉症のある人は、見たり聞いたり感じたりすることを、一般の人のように受け止めたり理解することが苦手です。そのため、人とかかわることや、自分の気持ちを伝えたり、相手の気持ちをくみ取ることもとても苦手です。そのうえ、自分の周囲の環境や状況の意味することも理解しにくいことが多いため、慣れない場面には大きな不安や混乱を感じたり、行動も自分勝手に見えることがあります。

自閉症のある人は、一般の人のようなしゃべりかたやコミュニケーションの持ちかた、人やものごとへの適切なかかわりかたを習得することが、容易にはできません。

自閉症には多くの場合、知的な遅れが伴いますが、そうでない場合もあります。そのような知的な遅れを伴わない自閉症を、高機能自閉症と呼びます。

高機能自閉症の場合、一見、周囲の人との違いがわかりづらいため、症状であるがゆえの行動が、「わがまま」「わざとやっている」といった誤解を生みやすく、理解されにくいことがあります。

今、自閉症のある子どもについて知ることのできる書籍やマンガが、書店に多く並んでいます。機会がありましたら、ぜひ手にとってみてください。この障がいのある子どもたちも、ともに生きるたいせつな仲間であること、特別ではなく、身近な存在であることをご理解いただけると思います。

クラスだより

※このお便りは、わかくさ保育園で実際に出されたものです。当時、障がいのある子どもと友だちとのトラブルが頻発していたこともあり、保護者と相談してお便りを作成し、クラスの保護者に向けて発信しました。

この場を借りて、みなさんにお伝えしたいことがあります。

世の中にはいろいろな人が生きています。
絵をかくのがじょうずな人と苦手な人。
運動が得意な人と不得意な人。
器用な人と不器用な人。
きちょうめんな人と整理が苦手な人。　etc.
世の中にはいろいろな人がいて、みんなひとりひとり違っています。
だれもが長所や短所を持っています。しかもそれは表裏一体です。
どんな人も、喜びや悲しみを胸に抱いています。
ひとりひとりがかけがえのないたいせつな存在です。
そして、わたしたちはともに生きています。

ここで、わたしたちとともに生きるたいせつな友だちのひとりとして、○○○○くんのことをお話ししたいと思います。

○○くんは、**高機能自閉症**※という診断名を持っています。
○○くんは、お話をするのがとてもじょうずです。
お仕事もいろいろなことができます。
字はすらすら読めて、カルタや絵本が大好きで、すぐに覚えてしまいます。
お友だちにも関心があって、大好きなお友だちもいます。
そして、△組の子どもたちも、○○くんのことを仲間のひとりとして受け入れてくれています。

ときどき、○○くんはお友だちに関心を持ちすぎて、乱暴なことをしてしまうことがあります。このことは、お友だちやその親御さんにたいへん申しわけなく思っています。わたしたち保育者は、乱暴してしまった○○くん、それにかかわる△組の子どもたちみんなが、お互いどんな気持ちでいるのか、そこをたいせつに考えて対応していきたいと思います。

乱暴されたお友だちが悲しかったことを十分くみ取りながら、○○くんとあそぶかどうかは、本人の意思表示を促すように支援しています。○○くんにも相手がどう思っているのかを伝えるようにしています（○○くんが、相手の感じていることや心の中で思っていることを察するのが苦手なのは自閉症の特徴のひとつです）。

同時に、△組の子どもたちには、○○くんがお友だちとじょうずにあそぶのが苦手なことも伝えていきます。

こうすることによって、△組の子どもたちが互いに理解し、ともに生きる心をはぐくむことができたらと考えています。

公表によってクラスの保護者の気持ちは？

このようなお便りを出したところで、クラスの保護者の受け止めかたはさまざまです。また、障がいのある子どもによく乱暴されてしまう子どもの保護者の場合は、さらに複雑な心境でしょう。

「Aくんのことはよくわかりました。いろいろな子どもたちがいっしょに生活する場なんだという考えかたにも賛成です」と理解してもらえたとしても、「わかってはいても、何度も傷つけられるとやっぱり不安なんです」などと言われることもあります。また、「自分でコントロールができない子どもだからこそ、心配なんです」「クラスを変えてください」と訴えてくる保護者もいるでしょう。

保育者はまず、たいせつなお子さんを傷つけてしまったこと、いやな思いをさせてしまったこと、そして、それを防げなかった保育者のいたらなさを、心から謝ります。そして、保護者の気持ちが少し落ち着いたところで、園が考えている今後の具体的な対応について説明します。

例えば、どこでそういうアクシデントが起きるかというところをつぶさに出して、できるだけ未然に防げるようにしたり、日課を組み替えて、2人が遭遇しない場面を多く作ったり、というようなことです。そして、「このような対応を試みてみますので、少し時間をいただけませんか？」と伝え、また時間をおいて面談の機会を設けるようにしていきます。

ただ謝っているだけでは、いつまでたっても保護者の信頼は得られません。保護者に提示した対応については、必ず実践し、その結果どうだったかということを次の面談で報告し、また対応を検討していく……そうやって、保護者と連絡を取り合い、相談しながら、ひとつひとつていねいに進めていくことがたいせつなのです。

障がいを知らせたくない保護者の場合

「わが子に障がいがあるということを公表したくない」という保護者だったとしても、その子どもが友だちを傷つけてしまったときの対応は同じ。「傷つけられた」という思いの保護者に心から謝罪し、園での対応を提示し、その後もその保護者と連絡を取りながらていねいにかかわっていくということが基本です。障がい名を出さなくても、きちんと対応していくことがたいせつなのです。

ただ、何度も同じ子どもばかり傷つけてしまうようだと、障がいのことを話したほうが相手の保護者に理解してもらいやすいということもあるでしょう。その場合は、傷つけてしまった子どもの保護者に事情を説明し、相手の保護者に子どもの障がいやその特徴について、どれだけ話をしてよいものか、相談をします。そして、了解を得られた範囲で相手の保護者にのみ、説明していきましょう。

「つきあわせないで」と言われたら

障がいのある子どもについてなんらかの形で説明をしたとしても、すべての保護者に正しく理解してもらえるとは限りません。ときには、「Aくんとはつきあわせないでください」「Aくんと同じグループにしないでください」などと言われることがあるかもしれません。ただ、このようなことばが出るということは、少なからず、その障がいのある子どもに対する誤解や偏見があるのだと思います。保育者はまず、その誤解や偏見を持つ理由がどこにあるのか、訴えてきた保護者からじっくりと話を聞いてください。理由を理解したうえで、もし、その保護者が不快な思いをしているのであれば謝罪します。そして同時に、Aくんの保護者と相談のうえ、障がいについての正しい情報を伝え、今後の具体的な対応方法を説明することによって、理解を促すとよいでしょう。

また、「別のクラスにしてほしい」と訴える保護者もいます。相手の子どもを別のクラスにというのが難しいとわかると、「じゃあ、うちの子どもを違うクラスに」と言ってくるかたもいます。そんな場合は、その保護者の気持ちを受け止めたうえで、子ども自身の意見も尊重してほしいと話します。確かに傷つけられた子どもはつらいと思いますが、今その子どもがいるクラスは、その子どもにとって好きなクラス。そこから離れるのはつらいことだと思います。「クラスの担任とも、仲のいいお友だちとも別れなくてはいけないことになります。そのことをお子さんとお話ししていただけないでしょうか」と話してみます。そして、家族で話し合った結果を踏まえ、あらためて考えていくようにしましょう。

「あの子どものせいでクラスがまとまらない」の声に

軽度発達障がいのある子どもは落ち着きがなかったり、多動であったり、おしゃべりが止まらなかったりしてクラスの子どもたちに影響を及ぼすことがあります。その結果、クラスが落ち着かないということにもなりがちです。年中・年長児くらいになると集団での活動が増え、そういったクラスのようすは行事などで保護者の目に触れる機会も多くなります。そんなとき、なかなか落ち着いて過ごせない子どもがいると、保護者の中からは「あの子どもがいるからクラスがまとまらない」といった声が出ることがあるのです。

このような保護者からの苦情があった場合、確かにクラスが落ち着かない要因のひとつが特定の子どもだとしても、それを口にするのは慎んでください。保護者の不安や誤解を増幅しかねません。まずは保育者としての力不足を謝罪しましょう。

また、特定の子どもに対して陰で中傷、うわさ話をされるとしたら、それには原因があるはずです。偏見を持つに至った保護者に、これまで不快な思いをさせていなかったでしょうか。偏見を持たれてしまうような保育をしていなかったでしょうか。もう一度、保育のありかた、保護者への対応について考え直す必要があると思います。

行事でつらい思いを味わうことも

保育者の知識のなさが保護者の偏見を生む原因になっていることがあります。保育者に障がいについての知識がなく、障がいのある子どもをただの「困った子ども」という目で見ていると、それは自然に保育に表れます。行事への参加のしかたなどでも、「みんなといっしょ」にこだわることで、障がいのある子どもがつらい思いを強いられていることもあるのです。

例えば、発表会などで「みんなと同じこと」ができず、ひとりだけ目だってしまい、ほかの保護者に笑われたり、非難されるということもあります。そのような経験の積み重ねが、障がいのある子どもとその保護者をどんどんクラスから孤立させることになってしまいます。

保護者にこのような思いを味わわせないためには、保育者自身が障がいのことを正しく理解し、保育していくことがたいせつです。なんでも「みんなといっしょ」がいいとは限りません。「みんなと同じこと」はできなくても、その子どもなりの参加のしかたが必ずあるはずです。

共感できる保護者どうしのかかわりを

ただ、保育者がどれだけていねいにかかわったとしても、障がいのある子どもを持つ保護者の不安をすべて解消するのは難しいでしょう。ことばや顔には出さなくても、「うちの子どもはほかの子どもとは違う」「クラスの中で迷惑をかけているのではないか」といった思いを抱え、ほかの保護者に対して少し距離を置いてしまう人も少なくありません。

そんな保護者の気持ちを少しでも和らげるために、同じような境遇に置かれた人どうしでかかわる機会を作るといいでしょう。例えば、園で、軽度発達障がいのある子どもの保護者だけの懇談会を設定したり、そのような親の会を紹介するのです。クラスの保護者には言えない悩みなどを話し、共感し合える場を作ることで、保護者の気持ちはとても楽になるようです。

column

バリアフリーの精神を伝えるために

ひとりひとりをたいせつにする保育は、「バリアフリーの精神」につながります。そんな保育者の思いを、バリアフリー教育の盛んなアメリカの例をとって、保護者に話してみませんか?

「バリアフリー」とは、何も障がいについてのみに使われることばではありません。一時的に骨折した人やお年寄りが歩くのを支えることもバリアフリーのひとつ。さらに性別や年齢間のバリア、国や民族間のバリアなどを取り除くという広い意味をも持ちます。「協力し合う」「相手のことを思う」というやさしい気持ちを育てることが、バリアフリーの基本ではないでしょうか。このような考えかたを幼児期のころからはぐくむことで、子どもたちは自然に障がいがある子どもとも、偏見なくつきあうことができるようになるのです。

アメリカでは、バリアフリー教育がとても盛んで、園でも、アジア系、ヨーロッパ系、アフリカ系などさまざまな人々や、車椅子に乗った子どものお人形などが、ままごとあそびに使われているのをよく目にします。日本でもよく見られるバービー※人形も、アメリカだと車椅子に乗った人形が見られます。また、日本ではまだ少ない、障がいをテーマにした絵本がアメリカではたくさん出版されていて、家庭や園でよく読まれています。このようにアメリカでは、国際理解・バリアフリーの感覚などを、あそびをとおして、小さいときから教えているのです。

これらのアメリカの話などを例に、保護者会などで「違いを認め合う姿勢を身に付けることが、違う文化を理解して受け入れることにもつながり、それは国際理解教育の基礎にもなる」ということを話してみてもよいのではないでしょうか。園がこうした理念を持ち、その方針をていねいに伝えていくうちに、バリアフリーの哲学に共感を示す保護者も出てきます。障がいに対する理解は、ゆっくり、じっくり求めていきましょう。すると、何かトラブルがあったときや、悩んだときに、共感を示した保護者が力になってくれるようになります。

(高山恵子)

※バービー(Barbie)はマテル社の登録商標です。

第5章

これからの保育のカタチ

―わかくさ保育園の実践―

「気になる子」の個別支援のための部屋、
「リソースルーム」を設け、
ひとりひとりをたいせつにする保育を実践している
わかくさ保育園のようすを紹介します。
新しい保育のカタチとして、参考にしてください。

指導・取材協力●わかくさ保育園

リソース・システム実現までの道のり

わかくさ保育園にリソースルームが誕生して2年。
その開設のきっかけから現在までの道のりを、主任保育士の影山竜子先生に語っていただきました。

ひとりひとりをたいせつにする保育

わかくさ保育園では、子どもひとりひとりの発達や興味・関心を配慮して望ましい成長と自立を支援し、個別に対応できる保育――「ひとりひとりをたいせつにする保育」を模索してきました。

その結果、具体的には「異年齢集団保育」で「さまざまな発達段階にこたえられる教具・教材を整えた環境」を用いて、「子ども主体の生活」を営む保育に行き着きました。この保育方法は、年齢別の一斉活動を行う保育に比べ、子どもたちのさまざまなケースにていねいに対応することが可能です。このような保育方針からか、当園にいろいろな傾向のある（いわゆる障がいがあるといわれる）子どもたちが入園するようになって、10数年になります。

●リソースルームとは…

ひとりひとりのニーズに応じた支援を行うため、クラスの保育室とは別に設けられた部屋です。利用する子どもたちは、それぞれ必要な時期や時間帯、課題に合わせたプログラムに添って、自分のクラスから通ってきます。

自閉症のあるAくんとの出会い

10数年前は、「障がいのある子どもは、みんなといっしょにいるだけでも、彼らにとって、また周囲の仲間にとって発達の刺激になる」と一般的にいわれていました。しかし、自閉症のあるAくんとの出会いをとおして、そのことに強く疑問を抱くようになったのです。

Aくんは当時、クラスの友だちとの関係も悪くなく、目だって手がかかるということもありませんでした。ただ、年長児になり就学が近づくにつれ、保育者としては「もう少しできることが増えたらいいな」と感じるようになっていました。「一対一でていねいに対応したい。でも、つねにクラスのみんなと過ごす中では、なかなか難しい……」。しだいに、Aくんにとって、ずっとみんなといっしょにいることが必ずしも喜びや発達につながっていないのではと思い始め、ほんとうの意味での「ひとりひとりをたいせつにする保育」ができていないと感じるようになったのです。ひとりひとりをたいせつにするということは、障がいのある子どももない子どもも同じこと。彼との出会いがきっかけとなり、軽度発達障がいについて学び、園での組織的なケアシステムを考えるようになったのです。

まず、Aくんの支援を模索するために療育機関に足を運びました。それによって、専門機関との連携のたいせつさを知り、実際、ネットワークを持つこともできまし

た。また、積極的に研修の場を持ち、保育者の専門性のひとつと自覚して、軽度発達障がいについての理解を深めるよう努力しました。

こうした学びの中でわたしたちは、「みんなといっしょ」という考えだけではうまくいかないと気づきました。集団生活を苦手とする軽度発達障がいのある子どもの望ましい成長・自立を考えたとき、ときにはクラスから離れて、個別支援を行うことが必要だと考えるようになったのです。

リソースルームとの出合い

では、個別支援とは、実際にどのように行ったらよいのでしょうか。

当時、わかくさ保育園では障がい認定を受けた子どものほかにも個別支援が必要だと思われる子どもが増え、クラス外からの支援が必要だと感じるようになっていました。軽度発達障がいのある子どもは、必ずしも四六時中サポートが必要なわけではないので、彼らのために加算配置（加配）された職員をもっと有効に用いながら、必要な個別支援を実施できるシステムはないものか……。そんな思いをめぐらせるうちに、「リソースルーム」という学習室で、ＬＤのある子どもなどが、苦手とする教科の個別指導を受けるというアメリカの学校でのケアシステムを思い出したのです。

リソース（resource）の意味を辞書で調べると、「人が、必要・緊急な場合に援助を求める（頼りにする）物・人・方法など」と書かれていました。それを見たわたし

たちは「これだ」と思い、このシステムを参考に、独自の個別支援システムを考えました。

そして2001年に「リソースルーム」が誕生。そこに子どもの状況に応じて数名の職員を配置し、クラスでの統合に加え、個別支援活動を始めたのです。

加配を合理的に用いるシステムとして

わかくさ保育園の幼児異年齢クラスの場合、およそ30人に2人の担任配置ですが、そこに特別な支援が必要な子どもがいれば、1人の職員が加配され3人担任。また、そのような子どもが複数在籍した場合、その支援の必要度に応じて、もう1人加配され、4人担任ということもありました。

支援の必要性についての感じかたには差があるものです。それぞれのクラスから主張を聞いて対応しようとすると、「うちのクラスばかりがたいへん」といった不公平感が生まれることもあります。そのため、このリソースルームを提案したときは、加配された人員を各クラスに配置するより、限られた人的配置を合理的に用いるシステムとして職員からも理解が得られ、思いのほか感触はよかったように思います。幸い、リソースルームの担当者として携わりたいという熱意のある保育者もいて、手探りではありましたがスタートを切ることができました。

しかし始めてみると、クラスで十分配慮できない子どもをリソースルームに押しつけるような、依存的、もっと厳しく言うならば排斥するような雰囲気を感じることがありました。ですから、あくまでも彼らの居場所はコミュニティーとなるクラスであり、「リソースルームはクラスでの適応をスムーズにするための渡し舟にすぎない」ということを、職員に強調しました。決してクラス担任がたいへんだからではなく、その子どもへの最善のケアを保障するためのシステムであることを繰り返し伝え、この新しい考えかた、理念を職員ひとりひとりに十分理解してもらうことにエネルギーを使いました。

職員研修にも力を注ぎ、情報提供、勉強会、ミーティングなどをとおして勉強し、職員間の連携にも努めました。そして、リソースルームの担当者だけではなく、園全体で取り組む課題として、全員が保育者の専門性のひとつとして自覚するように伝えていきました。

ときには子どもの見かたや対応のしかたに対する考えにずれが生じ、職員間がピリピリすることもありましたが、そのつど、お互いの状況の理解に努め、子どものために歩み寄るよう取り組んできました。今も、定期的に実施するリソースミーティングによって、クラスとリソースルームとの連携がスムーズに働き、効果的な支援ができるように模索しています。

偏見・差別をなくすために

リソースルーム開設当初、利用を勧めた保護者の中には、わが子が障がいのある子どものクラスに入れられ、差別されるのではないかと、不安を見せた保護者もいました。「なんのために入園したのかわからない」という指摘もありました。

ですから、まず保育者自身が偏見を持たず、すべての子どもにとって最善の対応を考えるように努めました。そして、保護者に対して、リソースルームは、あくまでもクラスの生活をスムーズにするための支援の空間であること。また子どもがどのようにリソースルームを利用し園生活を送るのか、ひとりひとりのニーズによって利用のしかたが異なり、変化してくることなどを、根気よく伝えました。

差別や偏見をなくすためには、利用者以外の理解を得ることも必要です。障がいに対する先入観を取り払い、軽度発達障がいやリソースについて正しく理解してもらいたいという願いから、リソースだより（194ページ参照）を全家庭に配布したり、入園案内でリソースのシステムを紹介するなど、さまざまな方法でリソースルームのPRに努めています。これによって、気になるわが子のことをちょっと相談してみようかな?という気持ちになるなど、相談したいけどなかなか言い出せないという思いから一歩抜け出す保護者が出てくることもあります。また、障がいのある子どもをめぐるトラブルに対して、ほかの保護者からの非難が少なくなるなど、保護者どうしの関係作りにも効果が期待できます。

リソースルームで小さな集団活動を楽しむ体験を積み重ね、自信を付けるためのお手伝いをすることができます。

●お友だちとのやりとりが苦手で、気持ちがうまく表せない。そんなつもりではないのに、つい乱暴になってしまう。お友だちとけんかになってしまう。そんな苦手な部分を持っている場合も、小さなグループワークを通して、ソーシャルスキル（コミュニケーションなどの社会的技術）を少しずつ身に付けていくお手伝いもできます。

●発達のバランスにばらつきがあることから、大きな集団での生活では、注意・集中を持続することが苦手であったり、興奮しすぎてしまったり、お友だちとの関係がうまく保てなくなってしまう。そんな場合も、少人数のお友だちと、安心してあそべるよう配慮します。また、「おしごと」も個別課題を設定して、じっくりと一対一で取り組めるようにかかわり、ステップアップしていけるように支援することができます。

このほかに、リソースルームでお友だちといっしょにあそんで過ごすことが楽しくて、足を運んでくるお友だちもいます。子どもたちにとってリソースルームは、保育園の中にあるなんだか楽しそうな小さなお部屋、というイメージで受け止められているようです。

保護者の皆さまの中には、リソースルームは障がいのある子どもが利用するところとお考えになっているかたがいらっしゃるのではないでしょうか？

だとすれば、利用することに対して少なからず抵抗を感じられるかたや、利用しているかたに対して特別な感情をお持ちになってしまうということも出てくるのではないでしょうか。

リソースルームは、ひとりひとりの子どものよりよい成長を支援する場所です。ひとりひとりがたいせつで、ひとりひとりが違っているから支援内容も違います。どうぞこれを機会に、リソースルームがわかくさ保育園の子どもたちみんなに開かれた場所であることをご理解いただけたらうれしく思います。

なお、リソースルームの利用は、クラスの集団が大きくなる混合クラスの園児たちに開かれています。保護者の皆さまの相談機関としては、混合クラスに限らず、すべてのご家庭や、地域にも開かれています。気軽にご利用ください。

ご質問やご意見、ご感想、もちろんご相談などお持ちのかたは、遠慮なくお伝えください。

リソースだより　※リソースルームのことを理解してもらうために、全保護者に配布しているお便りです。

「リソースルームって何？」

「リソースルームって何？」
こうした疑問を持っているかたもいらっしゃるのではないでしょうか。

リソースルームのことをまったくご存じないかた、なんとなく聞いたことがあるかた、利用しているかた……同じわかくさ保育園にいても、リソースルームについての理解はさまざまなようです。

今回は、リソースルームを子どもたちがどのように利用しているかご説明したいと思います。

世の中にはいろいろな人が生きています。ひとりひとりが違っていて、ひとりひとりが、かけがえのないたいせつな存在です。わたしたち保育士は、ひとりひとりの子どもの成長を願い、よりよい個別支援をしていくことが務めと感じています。

個別支援とは……どんな子どもにも、いろいろな事情によって抱えているものがあります。それによって、情緒不安定になったり、集団が苦手だったり、コミュニケーションがうまくいかなかったり、行動がコントロールできなかったり……。そんなとき、その子どもに寄り添って、いっしょに考え、安心できるように、その子どもに合った接しかたをする必要があります。そんな、必要な対応をひとりひとりに合わせて行うことを、個別支援と考えています。

でも、悲しいかな、30人以上のクラスの中で、３人の担任ができる個別支援には限界があるのが現実です。また、子どもにとっても、クラスから離れて、小さな集団・空間でじっくりと大人や仲間とかかわることのほうが安定でき、うまくいくことがあります。

そんなことから、クラスとは違う空間で、個別支援を可能にする部屋として作られたのがリソースルームです。

リソースルームには、こんなお手伝い、利用のしかたがあります。

●なんらかの事情で心が不安定になり、クラスの中では落ち着くことができない場合、学校でいう保健室のようにほっと落ち着ける場所として、リソースルームを利用してもらうことがあります。

●大きな集団でのあそびや一斉活動では不安を感じたり、自信が持てない。そのため、自分から活動に取り組む勇気が持てず、ますます不安がつのってしまう……。そんな場合、

「障がいのある子ども」限定ではなく

リソースルーム創設当初は、障がいのある子どものための支援室ということでスタートしました。しかし、近年、保護者の認知はないけれど、個別支援を必要と感じる子ども、障がいがあるとはいわれていないけれど、リソースルームを活用してケアできれば、きっとその子どものためになるのではと思う子どもが目に付きます。ひとりひとりをたいせつにする保育を目ざすなら、必要と感じたときに個別対応をするのが保育者の務めでしょう。そう考えると、リソースルームの利用対象を「障がいのある子ども」に限定するわけにはいきません。開設2年目に、そのような考えが強くなりました。

そこで、さまざまな背景により、個別支援を必要と感じる子どもも利用できるようにしました。

実のところ、個別支援を必要としない子どもはどこにもいないと思います。理想は、すべての子どもたちに対して、集団での体験の場もあり、さらにその子どもに応じた個別支援の場もバランスよく用意されていることです。しかし、現実には限界があり、子どもの必要状況の優先順となってしまいます。現在の課題はもっともっとバリアフリーな感覚ですべての子どもに対応できるよう、リソースルームを発展させることだと感じています。

まだ開設4年目です。今後どのように進化していくか、悩みでもあり楽しみでもあります。

リソース・システムの実際

実際、リソースルームはどのように運営されているのでしょうか。リソースのシステムと、それを保護者にどのように伝えているか、わかくさ保育園での具体例を紹介します。

利用のしかた

利用者としては、入園時にあらかじめ障がいだとわかってリソースルームの利用を希望してくるケースと、入園後にようすが気になり、保育者が勧めて利用するようになったケースなどがあります。利用のしかたやクラスに戻る時間などは、その子どものようすに添って保護者や主治医などと話し合いながら、個別に決めていきます。

リソースルームは、クラスの通常保育だけではフォローできない特別な配慮が必要な子どもが利用する場所。したがって、障がいやその疑いのある子どもだけでなく、家庭の事情など、さまざまな理由で情緒不安定になってしまった子どもの精神的ケアの場としての利用も考えています。

また、個人製作など「クラス保育の中ではなかなか落ち着いてできないので、静かな環境の中、一対一の指導のもとでじっくり取り組みたい」というような場合に、リソースルームでの活動として一時的に取り入れることもあります。

利用までの過程

特別な配慮が必要な子どもをできる限り受け入れたくても、定員以上受け入れてしまうと、思ったとおりの支援ができなくなってしまいます。したがって、入園時に泣く泣くお断りしているケースもあります。ただ、入園後に気になった子ども、個別支援が必要だと思われた子どもに対しては、受け入れる態勢を作っていけるようにします。

もし、入園後に気になるようすが見られたら、しばらく行動観察を行います。そのうえでリソースルームの利用が有効だと思われた場合は、ケース会議を経て、保護者に伝えます。保護者の中には、「リソースルーム＝障がいのある子どもの部屋」と思っている人が少なくないため、ていねいにケアしてもらえるとはいえ、最初はショックを受けたり、落ち込んだりする人がほとんどです。しかし、利用し始めてその支援のていねいさや、わが子の成長・変化を実感し、結局「よかった」と感じることが多いようです。

子どもからの要望に応じて

保護者が多少の抵抗を感じるのとは対照的に、子どもたちにとってのリソースルームは、中のようすが見えないこともあるのか、未知の世界、「行ってみたい場所」という存在になっています。子どもみずから、「今度あそびに行ってもいい？」と言うことも多いので、そういう子どもに対しては、数名ずつゲストとして招くことがあります。好きなようにあそんでいるだけなのですが、リソースルームが孤立したり偏見を持たれたりしないためにも、そういった要望にはなるべくこたえていきたいと思っています。

クラス保育との連携

2004年現在、リソースルームでは、常時利用している子ども13人に対して、常勤のリソース専属保育者3人で運営しています。これらリソースの職員はその年度の状況に応じて増減させます。そしてリソースルームの活動に各クラスからも保育者が参加したり、クラス保育との連携をとるためにクラス担任と話し合いを持つなど、つねに全職員と連携をとるようにしています。

どの部分を担任が見て、どこをリソース専属の保育者がかかわるかということは、それぞれの子どもの状態に合わせて個別に決めていきます。保育者の動きはとても複雑になるため、週ごとに表にして確認するようにしています。

また、クラスの保育室は、リソースルームに比べると刺激が多い環境となっています。たくさんの人や遊具、窓から見える景色など、入室したとたん、一度にいろいろなものが目に入り、あまりの刺激の強さに、自己コントロールができなくなってしまう子どももいます。登園したらまず刺激の少ないリソースルームに行って過ごすことには、気持ちを安定させるという意味もあるのです。比較的落ち着いている子どもの中には、朝、登園したらまず自分のクラスに行き、決められた時間になったらリソースルームに行くというような形をとっている子どもも多くいます。

ただ、ある程度安定した状態であったとしても、あまり強烈な刺激を受けないよう、保育室内にも仕切りを設けた落ち着けるスペースを用意したり、つまずきがちな活動の切り替わりの場面などでは、リソース専属の保育者がついてフォローするなど、子どもの状態に合わせて、クラス保育における個別支援も考えていきます。これらの個別配慮については、クラス担任とも十分話し合ったうえで、どの部分でどんなフォローに入るか決めていき、また、子どもの状況が変わったら支援の方法も変えていくといったことも、こまめに話し合いながら臨機応変に行います。

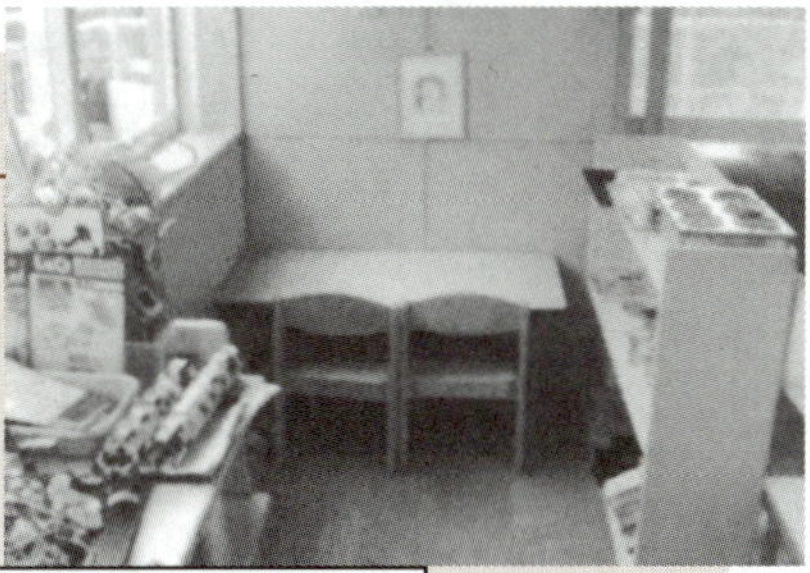

クラス内の落ち着ける空間。

個人のロッカーは、子どもの基本的な居場所であるクラスに。視覚的にわかりやすくするため顔写真を付けるなど、保育室でもくふうをしている。

個人記録

基本的に個人の児童票は、リソースルームを利用する子どもの場合でも、各クラスの担任が記入します。ただ、一日の大半をリソースルームで過ごす子どもの場合は、リソース専属の保育者が記入しています。リソースルームでのようすはリソース専属の保育者がクラス担任に伝えなくてはいけないため、毎日のようすをこまめにメモするように心がけています。また、子どもの状態はその子どもにかかわるすべての保育者が共有する必要があるので、記録した内容は必要に応じて伝え合うなど、担任やそのほかの保育者との連携も密に行うように心がけています。

保護者とのコミュニケーション

リソースルームでは、連絡帳や懇談会にも独自の方法を取り入れ、保護者といかに心を通わせていくか考えています。連絡帳はリソース専用のものを用意。保育者は保護者の気持ちに共感しながら、子どもたちがどんな活動をとおして、どんな変化を遂げてきているかを報告するようにしています。

また、障がいのある子どもの保護者は、ほかの保護者と悩みの内容なども違うため、クラスの懇談会では居心地が悪いことがあります。そこで、同じ課題を持つ保護者どうしで話し合う機会として、年に2回、リソースルームを利用する保護者のうち、障がいを認知している保護者だけの懇談会を行っています。リソースルームのOB・OGの保護者も参加し、みずからの経験を話してもらっています。同じ悩みを持つ者どうし、共感できることがあるようで、保護者どうしのつながり作りの場としても、よい機会になっています。

このようなさまざまな取り組みが子どもの成長につながり、わかくさ保育園の「ひとりひとりをたいせつにする保育」の新しい形として、徐々に保護者の理解を得ることができるようになってきたと思います。

リソースから	クラスから
このノートは、リソースやクラスのようすを伝えるのに使っていきたいと思います。ふだんなかなかお話する機会がないので、このノートをとおしてお互いにようすを知ることができたらうれしいです。Aちゃんは……	……積極的に取り組む姿が見られてうれしいです。リソースでのグループ活動も週1回ですが、楽しんで、そのつどいい報告を聞き、クラス担任も勉強しています。
おうちのかたから	……リソースは人の助けを借りないと生活できない子どものクラスだと思っていました。Aはそんなに心配ごとの多い子どもなのかと不安にもなりました。でも、先日話を聞いて、少し安心。本人は「リソースって楽しいよ」と言っています。

連絡帳にはリソースルーム専属の保育者、クラス担任それぞれの欄を設け、両者からの話を受けて保護者が記入できるようになっています。

連絡帳より

※右ページで紹介した連絡帳のその後のやりとりです。最初はリソースルームに対して不安を抱いていた保護者ですが、園だよりや保育者の話、そして連絡帳でのやりとりなどをとおして少しずつ理解し、夫婦で協力しながら子育てに前向きになっていきました。

リソースから

一対一で接しているときのAちゃんはとてもおだやかで、そういうときは話も聞きやすいようですね。お母さんのおっしゃるように、一方的に教えられるのは好きではないよう。しかも説明が長くなったりするとイライラしてくるようです……

クラスから

……友だちのことを注意してくれて助かることもあります。でも、Aちゃん自身のことを注意されるといやになるようです……

→

おうちのかたから

字や数の書きかたのまちがいを指摘するとすぐにAは怒ってしまいます。わたしは別に怒りながら教えているわけではないのですが。どうすればすなおに聞けるようになるのでしょうか。性格は変わらないのでしょうか。学校に行くようになったら困るのでは？　家でも夫婦で考えながらやってみたいと思います。

↙

リソースから

ご夫婦で考えながらやってみようと思っていらっしゃるんですね！　子育てはとても難しく、思うようにいかず悩むことも多いと思います。Aちゃんと接するうえで何が有効なのか、ごいっしょにお話する機会が持てたらと思っています。お時間がありましたら、子育てにまつわるお話でも、いかがでしょうか。

→

おうちのかたから

一度お話を聞きたいな～と思ってました。月曜か水曜の午後はつごうをつけられます。いかがでしょうか。

↙

リソースから

先日はお忙しいところお話の時間を作っていただきありがとうございました。その際お話しした「あそびの前に予告をすること」を意識するようにしたところ、トラブルが少し減ってきています。

クラスから

Aちゃんの言動にとても落ち着きと余裕が感じられるようになりました。やはりご家庭と園の連携のたまものと実感。今後も課題があったときは、ひとつひとつご相談させていただきたいと思います。ご協力ほんとうにありがとうございます。

→

おうちのかたから

わたしの、Aに対する対応の変化が影響しているのだと思います。以前はよく怒っていましたが、面談のときに先生に教わったように、きょうだいげんかをしていても見ているだけで口を出さないようにしました。わたし自身、怒らなくなったら楽になりました。Aの表情も明るくなってきたようです……

リソースルームの見取り図

これがリソースルーム内のようすです。大きくは、おしごとスペースと自由あそびスペースに分かれ、仕切りやカーテンなどで目に入る刺激を減らすくふうをしています。

Point

壁に向かって設定され、視界が遮られた空間になっていると、外からの刺激で気が散ることが少なく、ある程度の時間集中していることができる。

シールはりコーナー

登園時「おはようブック」にシールをはるコーナー。カレンダーの数字と「おはようブック」の日付の数字とを照らし合わせ、小さいシールを決められたスペースにはることは、とても困難な作業と感じる子どもも多い。仕切られた空間で、保育者がついてしっかり見ていくようにしている。

見通しボード

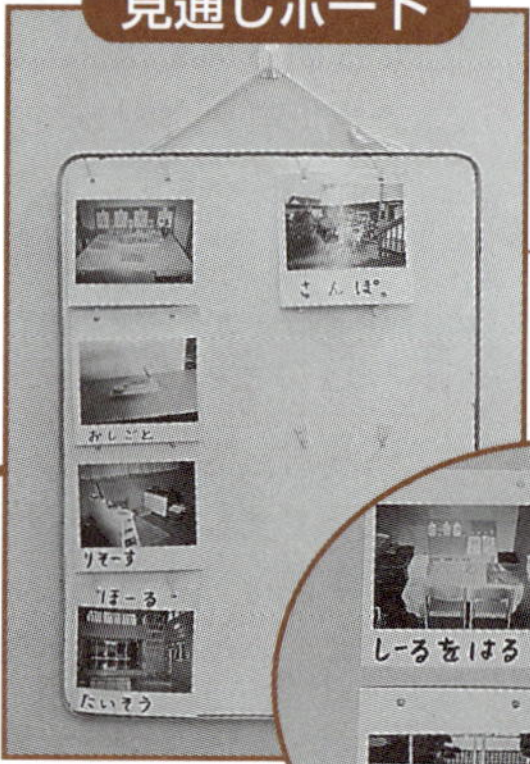

一日の活動の流れを目で見て確認するボード。写真と文字のカードを付けてわかりやすく。

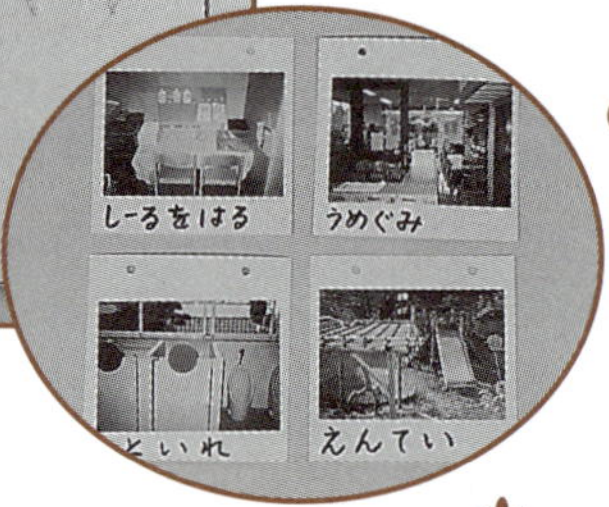

●見通しカード

その日の予定に応じて付け替えられるように、いろいろな場面のカードが用意されている。

Point

耳からの情報を理解するのが難しい子どもには、視覚に訴える伝えかたをくふうすることがだいじ。次に何をやるという見通しが持てないと不安になってしまう子どもには、事前に今日、どんなふうに過ごすかを知らせておくことで、気持ちが安定する。

入り口

向かいの幼児の保育室がオープンスペースなのに対し、リソースルームには扉が付いて、外からの刺激が遮断されるようにしている。

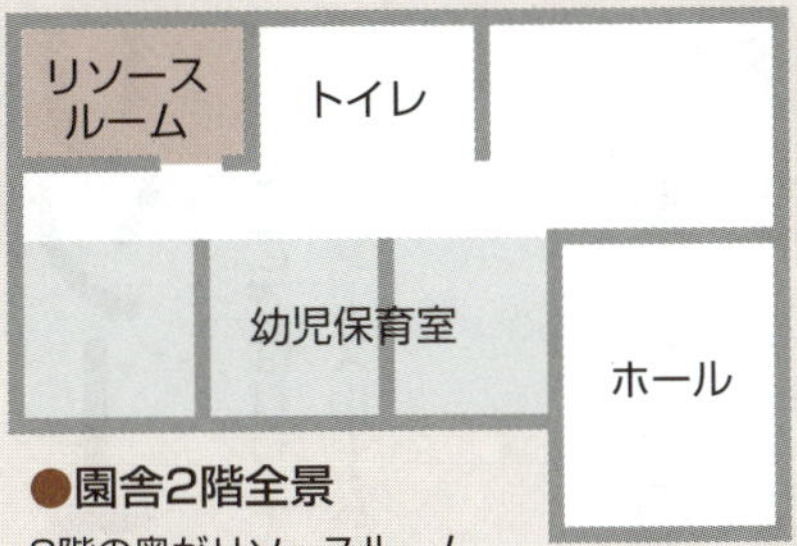

●園舎2階全景

2階の奥がリソースルーム。
子どもの基本の居場所である幼児保育室と行き来がしやすい場所になっている。

おしごとスペース

基本は「おしごと」として午前中に行っている個別支援活動のスペースだが、午後に、製作あそびなど、手先の作業をするときなどにも利用する。

ままごとコーナー

ままごとあそびを楽しむ子どもは少ないが、リソースにあそびに来た子どもがここであそんでいるのを見て、仲間入りする子どももいる。

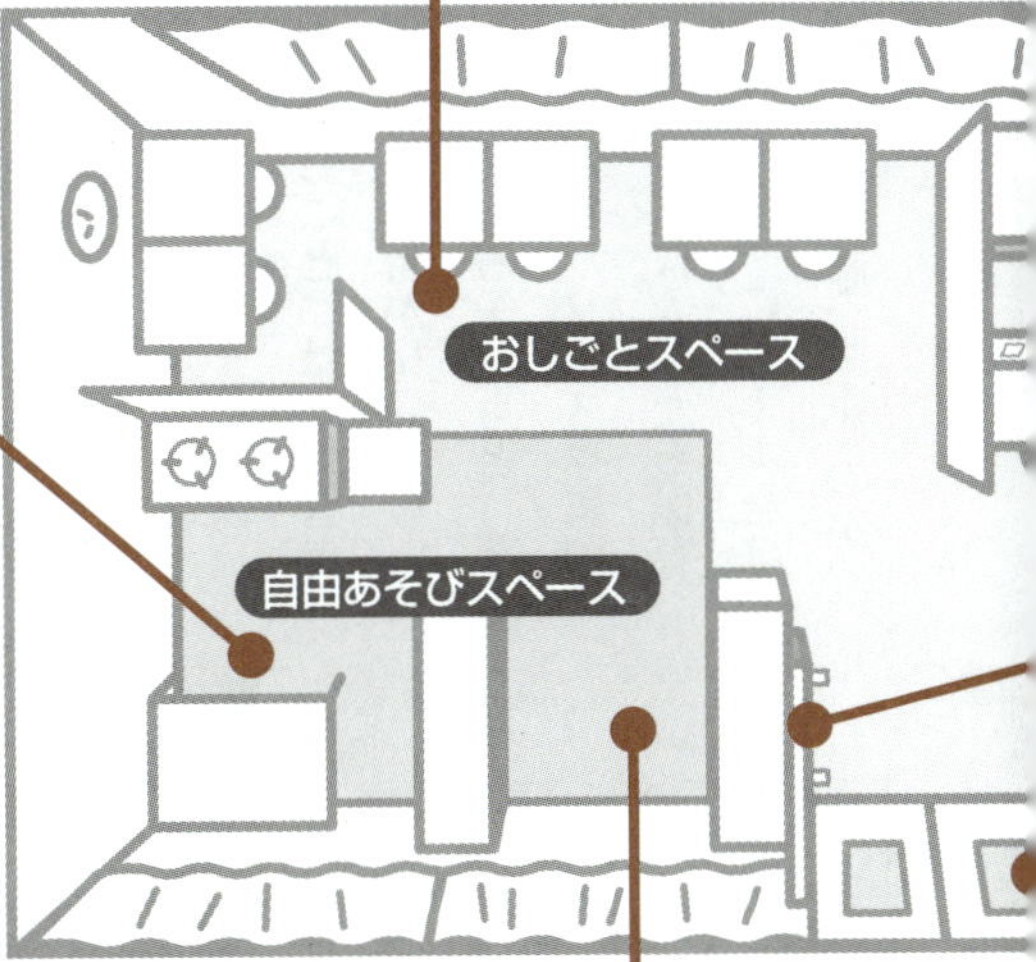

Point

たくさんの遊具の中から主体的に選んであそぶことが難しい子どものことを考え、仕切りを設けたり、おもちゃの量を制限するなどして、一度に目に入るおもちゃは2〜3種類になるように設定。

※このように考えられた環境の中でも、自由あそびスペースにほかの子どもがいると入れないという子どもも。そんな場合は、その子ども専用に小さなおもちゃ棚を用意して、ほかの子どもから少し離れた場所でひとりであそぶ空間を保障するということも行っている。

積み木・ブロックコーナー

おもちゃは、基本的にクラスの保育室とあまり変わりないが、利用している子どもの興味に合わせるようにしている。

●歌絵本

ことばに少し遅れがあるが、歌が大好きなTくんのために手作りした絵本。これを開きながら保育者が歌をうたうと、Tくんは大喜び。

リソースのある一日

ここではリソースを利用しているSくんの一日を追いながら、リソースルームを中心とした一日の保育の流れをご紹介します。

※Sくんは、高機能自閉症と診断されている4歳児。2歳でわかくさ保育園に入園し、約3年が経過したところです。園生活にもすっかり慣れ、ことばが増えたり、情緒的にも安定してくるなど、この3年間で大きく成長しました。

8:20～ 申し送り事項確認

室内の受け入れ環境を整え、リソース専属の保育者どうしで申し送り事項の確認を行う。

8:30～ 登園

リソースルームでの個別支援活動（おしごと）は、保育者と一対一で行うため、午前中の利用者約10名が10分くらいの時間差で登園。直接リソースルームに来る子どもと、とりあえずクラスに入って、時間になったらリソース専属の保育者が呼びに行く子どもとがいる。部屋に入ったら保育者とあいさつを交わし、「おはようブック」にシールをはる。その後、見通しボードで一日の流れを確認するのが、

この日はお父さんと登園したSくん。まずは保育者とあいさつ。

保育者がその日の予定を、カードを指さしながら、伝える。「きのうは、このあとお茶があったけど、今日はなしね」というように、変更に関しては、よりていねいに伝える。

シールはりにもすっかり慣れたSくん。小さいシールを器用に扱い、まちがいなくはる。

朝の一連の流れ。

8:35～

おしごと（210ページ～参照）

担当の保育者に導かれ、その日のおしごとを行う（10分程度）。メニューは個人の状態に合わせて設定され、みんな同じことをする日もあれば、それぞれが違うことをする日もある。

8:45～

自由あそび

「おしごと」が終わった子どもから、順次好きなあそびを選んで自由にあそぶ。それぞれ好きなあそびが決まっていて、その場へ直行することが多い。

9:40～

移動

各クラスの担任と連絡を取り合い、ホールに移動する準備を進める。子どもたちには、事前に今のあそびを切り上げる時間を知らせ、心の準備ができるようにする。

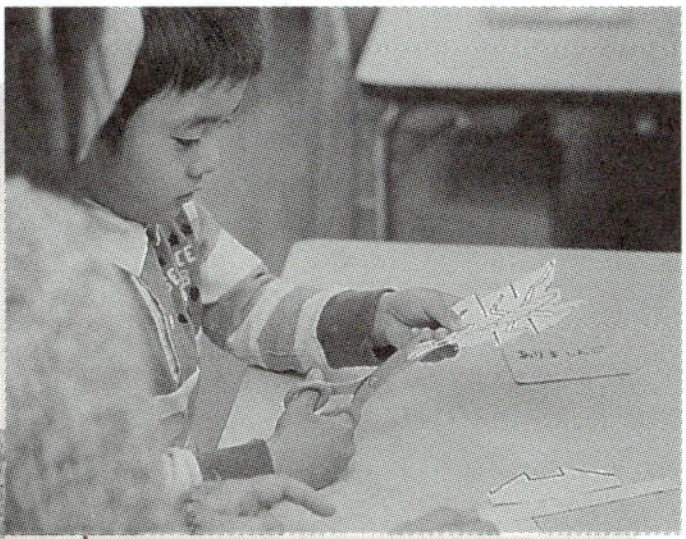

この日のSくんは、カマキリの絵をはさみで切る活動。保育者がさりげなく「線に沿ってゆっくり切ってね」とことばをかける。

積み木を並べ、大好きな恐竜の人形を歩かせたりしてあそぶSくん。

自由あそびの最中に「（長い針が）6になったら、お片づけを始めてくださいね」と声をかける。

9:50〜

小さい集団活動（213ページ参照）

ホールに移動して、リソース利用者のみの小集団の活動を行う。粗大運動などで思い切り体を動かすことから始め、その後集会を行い、ひとりずつみんなの前で課題を披露する「やります」へと進めていく。

粗大運動

手をつないで輪になり、音楽に合わせて回る。手をつなげない子ども、しりもちをついて動かない子どももいる。

音楽に合わせて歩き、音が止まったらストップ。体をバランスよく動かすのが苦手なため、つま先歩きや小走りになってしまう子どもも。急に止まるのも難しい。

カメのポーズ。体が硬く、このようなポーズが苦手な子が多いので、ようすを見ながら保育者が補助。

10:20〜

各クラスに戻って〜公園へ散歩

各クラスの活動に合流。この日は全クラスが散歩に出かけた。リソース専属の保育者は、必要に応じてクラスに入るなどして、クラスの中でも個別にフォローする体制を作っている。

集会

ひとりずつの顔写真カードを出して名まえを呼ぶ。顔写真を使うことが、「自分はここのメンバーだ、認められているんだ」という気持ちにつながる。

今日の「やります」は、ウッドブロック。リズムに合わせてたたくのは難しい。

クラスの友だちと散歩。最初は友だちと手をつなぐことができなかったが、今では片道15〜30分程度の道のりを、手をつないで歩いている。

公園では、次々とあそびを変え、つねに動き回っているSくん。楽しそうに体を動かしている。

11:40～

帰園～食事

保育室に戻り、着替えをし、クラスの友だちといっしょに食事をとる。

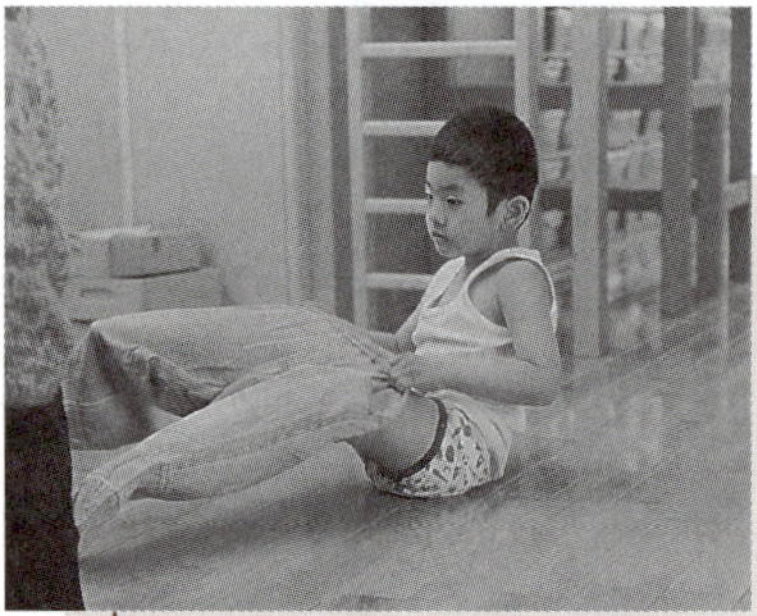

Ｓくんの苦手な着替え。以前はいやがってパニックを起こすこともあったが、今は比較的落ち着いて行うことができる。

手を洗い、食事をよそったり、準備はすべて自分で行う。

クラスの友だちといっしょに食べる。食事の間はリソース専属の保育者は離れ、クラス担任が見る。

12:15～

リソースルームや園庭であそぶ

クラスの友だちは午睡に入るが、Ｓくんは眠れないため、その間はリソースルームや園庭で過ごす。

色とりどりのペンを使ってぬり絵をする。

Ｓくんから積極的にかかわることは少ないが、園庭などでは、友だちのほうから寄ってきて、かかわりを持つこともある。

15:00～

クラスでおやつ～帰りの会

保育室に戻り、クラスの友だちといっしょにおやつを食べる。その後は、保育者に絵本を読んでもらうなどして自由に過ごし、帰りの会になる。入園当初は帰りの会に参加することができなかったSくんも、最近は少しの時間ならその場にいることができるようになった。

16:00～

降園

途中、大きな声を出すなど、少し興奮したようすが見られたので、集団から離れて落ち着ける場所で、別の静かなあそびをするようにした。

帰りの会。みんなといっしょに手あそびをしたり、紙芝居を見る。

リソースのカリキュラム

リソースでは、主に「おしごと」「ホールでの小さい集団活動」「ソーシャルスキルトレーニング」という3つの活動をメインにカリキュラムを立案し運営しています。
ここではその活動内容について解説します。

「おしごと」

子どもたちの将来を考え、できることを少しずつ増やして自信を持ち、主体的な生活ができるように支援していく場が必要だという思いから取り入れています。また、軽度発達障がいのある子どもたちには細かい作業が苦手な子が多いことから、手先の練習の役割も担っています。だいたい10分程度ですが、集中して行えるよう保育者と一対一で仕切られた空間の中で行います。

現在、課題として取り入れているのは、主に「切る」「塗る」「はる」「折る」「線描《せんびょう》」「縫いさし」の6種類。それらを個々の状態に合わせて少しずつステップアップしていくようにくふうしています。

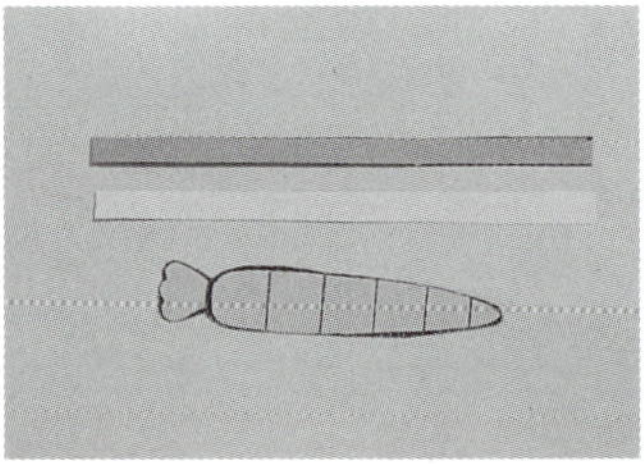

①一回切り
（ニンジンなどに見たてた紙を一回切る）

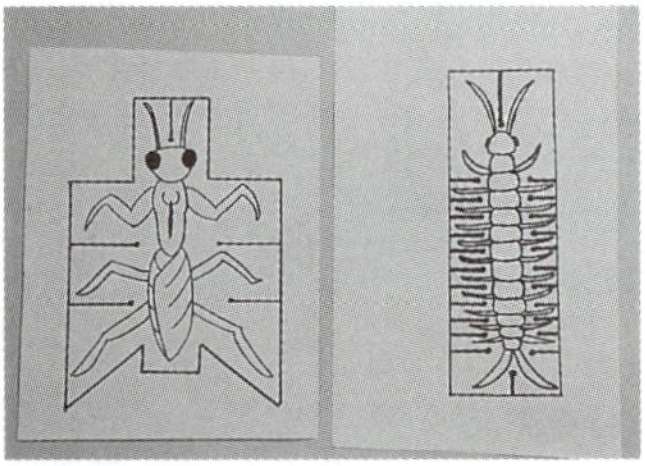

②止めるところを意識して切る
（印の所ではさみを止める）

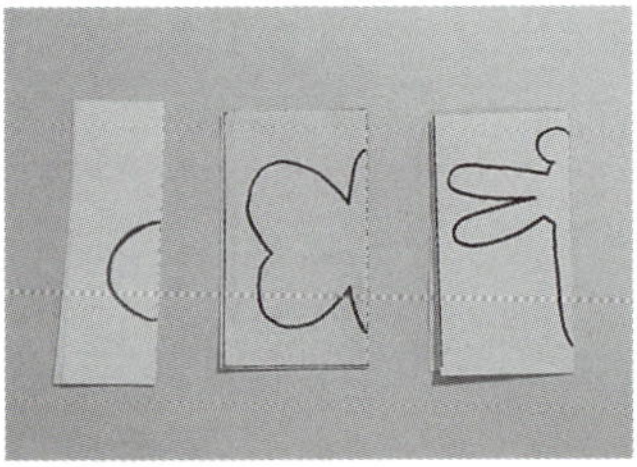

③曲線連続切り
（紙を動かしながら曲線を切る）

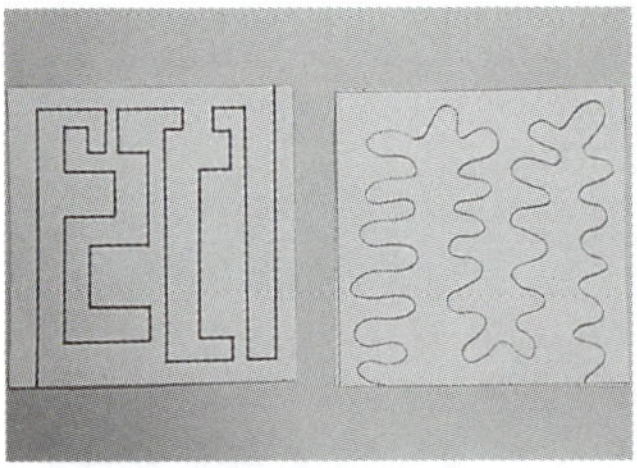

④さらに細かい連続切り
（長い連続切り。かなり細かい作業になる）

例えば、「切る」の課題の場合、右下の写真のような段階を追って進めていきます。

このように小さな目標を立て、一つ段階をクリアするたびに褒め、喜び合うことで、本人にも自信が付き、次の目標に向かう意欲が出てきます。また、虫が好きな子には虫の図柄で教材を作るなど、意欲が出るように個別の課題を準備します。そしてでき上がりを目の前に置いて期待を持たせたり、毎回違う図柄を用意することで、いつも新鮮な気持ちで取り組むことができるようにするなど、飽きさせないくふうもしています。

苦手意識があると、初め抵抗を示す子どももいますが、「少しいやなこともがまんしてやる」ということは、自分の気持ちをコントロールできるようになること。そして、自分の気持ちだけでなく、相手の気持ちに添うことができるということで、人とかかわる力にもつながるだいじなことです。また、興味に偏りがある子どもの場合、ほうっておくと好きなことしかしないので、どんどん活動に偏りが出てきて生活しづらくなることがあります。バランスよく発達していくためにも、「少しいやなことでもやる」経験を意図的に作っていくことが必要だと思います。

●「おしごと」年間指導計画表（例）

	4月	5月	6月		11月	12月	1月	2月	3月
文字	直線をかく 曲線をかく ひらがな フラッシュカード	→ 砂文字	はめ込み 絵カード		移動五十音 文字を書く	短文を読む →	→	濁音・よう音を読む（年長～）	→ 短い文を書く
数	数詞 砂文字	数と量との一致	→ 数を書く		連続数 数の構成	→ →	たし算	→ ひき算（年長）	→ →
絵画	はじき絵 押し花 タンポ画	ふき絵 かみ染め	ちぎり絵 はさみ絵 運動会の絵		葉・木の実の製作 葉のうつし絵 糸ひき絵	野菜版	ブラッシング	布のコラージュ	ステンシル
工作	こいのぼり作り	指人形 バッグ	七夕製作 カタツムリ 時計		自然物と紙 粘土の工作	クリスマス製作	たこ 鬼の面 こま	ひな人形	カード作り
微細	布をたたむ はさみ ふたの開閉 紙の縫いさし	のりはり トング はし 水注ぎ	スポンジしぼり あけ移し 紙を折る		ひも結び みつあみ（ひも）	リボン結び みつあみ（糸）	はた織り	布の縫いさし →	→ →
クッキング	リンゴ切り	フルーツポンチ	ゼリー		クッキー	ケーキ	おもち	スウィートパンプキン	ケーキ

●「おしごと」個別週案（例）

	個人名	月曜日	火曜日	水曜日	木曜日	金曜日	反　省
午前利用	○○○○	エアパッキングに色づけ	のりはり	はさみ	ひも通し	シールはり	
	○○○○		絵かき歌	折り紙(パックンチョ)	はさみ(線をよく見て)	ひな人形作り	
	○○○○		あ〜わ復習		5以上の数		
	○○○○		のりはり	はし	はさみ		
	○○○○		聞き取り	季節カード	まねっこ短文		
	○○○○				ひみつ袋		
	○○○○			1、2を覚える	名まえをかく		
	○○○○		絵かき歌	さ、た行	さ、た行 点文字		
	○○○○			さ、た行	縫いさし		
	○○○○			さ、た行復習	はし		
午後利用	○○○○		絵かき歌	ふれあいあそび	積み木		
	○○○○	卒園製作					

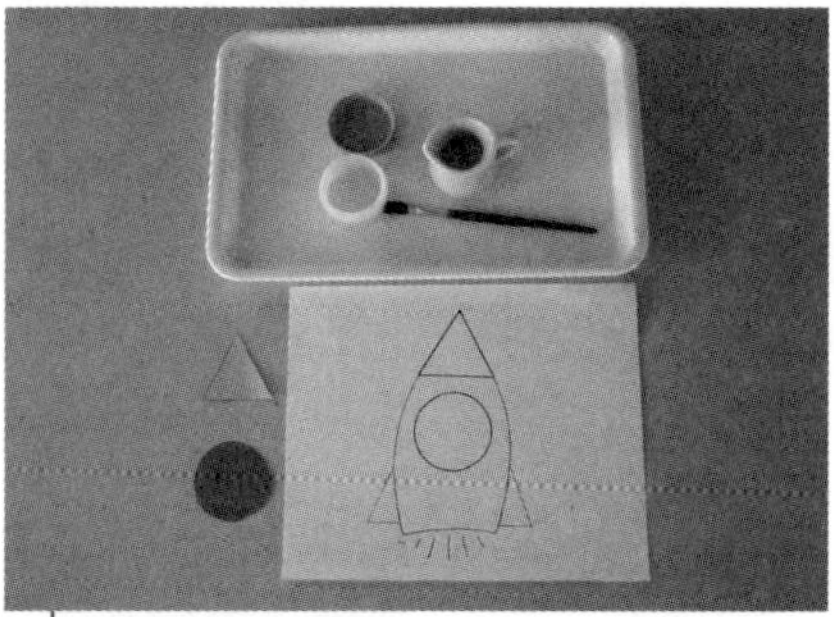

「のりはり」の道具
のりに指で直接触れることに抵抗があったり、指先を使うことが苦手な子どもの場合、最初は筆を使ってのりを塗り付けることから始める。

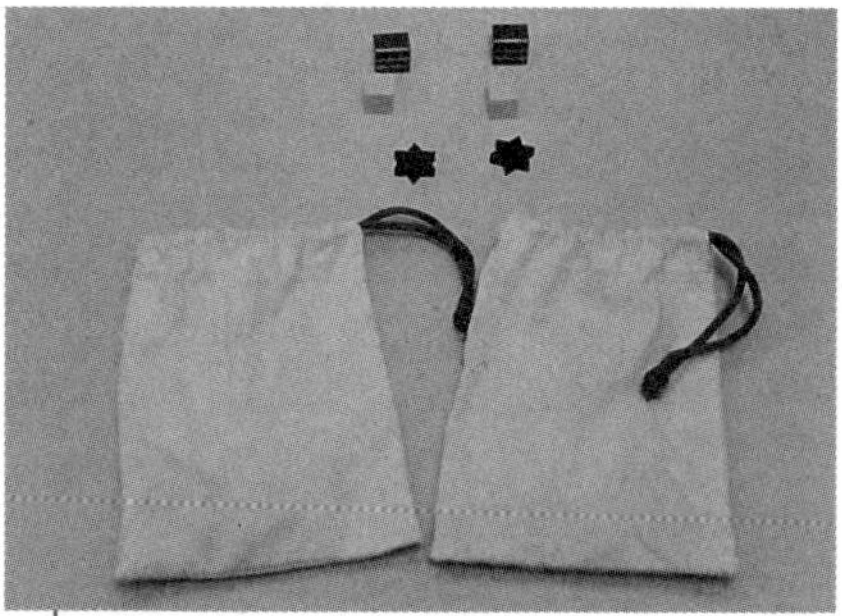

「ひみつ袋」
袋の中にいろいろな色、形の積み木が入っていて、手の感触で形を当てたり、保育者が言った色を袋から出したりしてあそぶ。

「縫いさし」の道具
紙の黒丸印にはりを刺し、縫っていく作業を行う。紙には子どもたちの大好きな動物や乗り物などの絵をかいておく。

小さい集団活動

並んだりじっと座っていたりということが苦手な子どもたちが、少人数による「小さな集団」を経験する場です。このようなスモールステップを積み重ね、「できた」という自信を持ち、少しずつクラスの集会にも主体的に参加できることを願っています。

基本的には、リソースルームを利用している子どもたちと、その子どもが所属するクラスから保育者が1名ずつ参加。それにリソースルーム専属の保育者が加わって行います。ここでの活動は療育的要素も含まれるため、リソースルーム専属の保育者の提案をもとに、各クラスの担当保育者と話し合ったうえで内容を決定。活動をリードするのは各クラスの担当者が交代で行います。

活動内容は子どもの状態を見ながら変えていきますが、主に「粗大運動」→「集会」→「やります」という流れで行います。

●粗大運動 （112ページ参照）

バランス感覚を刺激したり、大きく体を動かす運動を取り入れるなど、体の動きをコントロールするのが苦手な子どもの練習になります。また、最初に十分に体を動かすことで、その後の集会でも集中しやすくなるようです。

●集　会

いすに座って出席をとったり、手あそびをするなど、短い集会を行います。視覚や触覚に訴えるなどして集中できるようなくふうを取り入れています。

●「やります」

まず保育者がこれからやることを実際にやってみせながら説明した後、ひとりずつみんなの前で披露します。「やります」と言ってから始め、ポーズをとって終わるというようにすることで、始まりと終わりが明確になり、見通しを持ちやすくなります。また、クラスの中だと自信を持てずにいる子どもも、みんなの前でやる喜びを感じることが自信につながり、しだいに集団が大きくなっても自信を持って落ち着いていられるようになります。

● 「やります」の月間指導計画（例）　　※ 感=感覚、サ=サーキット、基=基本運動、巧=巧技台、音=音楽

日（曜日）	担当	課題	
4（月）	○○	感	風船の空気を感じる
5（火）	△△	サ	高足よつんばい・ゴム跳び（両足跳び）・フープ（ケンケンパ）
6（水）	□□	基	ぞうきんがけ・セラピーボールを転がす
7（木）	○△	巧	2本の平均台を後ろ向きに登り、はしごをクモ歩きで渡る
8（金）	△□	音	平太鼓（大きくゆっくり→小さく早く→手を止める→二度たたく）
11（月）	○○	感	シャボン玉
12（火）	△△	サ	長いすくぐり・バランスボード・鉄棒（前回り）
13（水）	□□	基	線上歩行（おたまにお手玉をのせて）・ボールをかごに入れる
14（木）	○△	巧	1本の平均台を渡り、はしごをクモ歩きで渡る
15（金）	△□	音	シロフォン（好きなようにたたく）
18（月）	○○	感	セラピーボール
19（火）	△△	サ	スクーターボード・フープ・マット（前転）
20（水）	□□	基	ゴム跳び（両足跳び）・長いすくぐり
21（木）	○△	巧	ぶたの丸焼きで進み、台上に登ってタンブリンジャンプ
22（金）	△□	音	木琴（好きなようにたたく→グリッサンド）
25（月）	○○	感	カッチンコ
26（火）	△△	サ	片足立ち（5数える）・跳び箱（登って下りる）・巧技台（はしご渡り）
27（水）	□□	基	手押し車・キックボード
28（木）	○△	巧	はしごを渡り、平均台1本を後ろ向きに登る
29（金）	△□	音	ウッドブロック（好きなようにたたく）

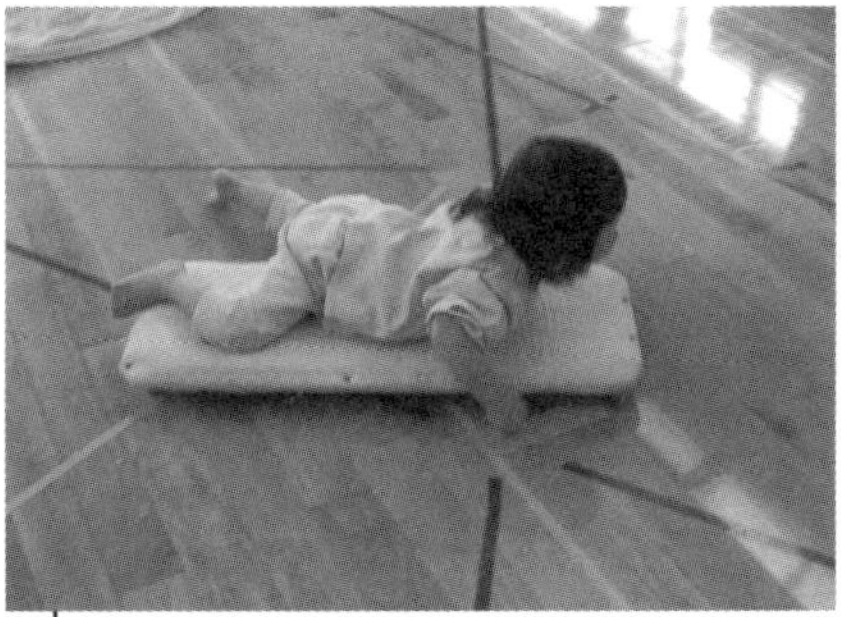

バランスボード
板の上に腹ばいで乗り、じょうずに体のバランスをとりながら進む。

巧技台
一本の平均台の上をバランスをとりながら歩く。

ソーシャルスキルトレーニング

　リソースルームでは、「おしごと」と「小さい集団活動」を午前中の活動として行い、午後の活動として、「ソーシャルスキルトレーニング」を取り入れています。友だちとのやりとりが苦手で気持ちがうまく表せないような子どもに、小さなグループワークをとおしてソーシャルスキル（コミュニケーションなどの社会的技術・100ページ参照）を身に付けようとするもので、リソース利用以外の子ども2～3人をリソースルームに招いて、その子どもたちといっしょに、ゲームなどをしてあそびます。

　ルールの理解につなげるように、勝ち負けがはっきりしたゲームを行ったり、「みんなで考えようのコーナー」と題して、人形劇などでいろいろなトラブル場面を再現して、「この男の子のこの行動はどう？」と聞いて考えさせたりする取り組みも行っています。また、年長の後半くらいには、学校ごっこも取り入れていきます。

ゲームを始める前に、「順番を守らないで何回も続けてやるのってどう？」と聞くなど、最初に予想されるトラブルを話し、ルールを確認してから行う。

保護者より リソースルームを利用して…

わかくさ保育園のリソースルームを利用したKくんのお母さんが、リソースルームを利用するまでの心の葛藤と利用してからの変化、子どもの成長などを正直に語ってくださいました。

「だいじょうぶ」と信じていた日々

2歳になったばかりの7月にわかくさ保育園に入園した息子。順調に園生活に慣れてくれました。次年度、混合クラスに移るころは、ことばも多くなく、おむつもまだ取れていなかったものの、お兄さんお姉さんたちにかわいがられ、毎日楽しく登園していました。このころだったと思います。わかくさ保育園でリソースルームが始まったのは。何度も主旨を説明したプリントをもらいましたが、「ふーん。こんなクラスもあるんだ」と、まるで他人事でした。同じクラスに、時折、その「リソース」とかいうところで、何か作業している子がいるみたいだけど、自分の子どもにはまったく関係ないし……と思っていました。

でも、そのころから少しずつ兆候は出ていたと思います。時折担任の先生から「Kくんは、はさみを使うとか、ゲームをするときは、誘ってもやらないんですよね」と聞かされていました。しかし、ほとんどのお母さんがそうであるように、わたし

も3人目の子育てという余裕からか、「時間が解決する。学校に入ってもはさみが使えなかったり、ゲームができなかったりする子どもはいないでしょう」と思っていました。そのときは自信がありますから、「かわいがって愛情をこんなに注いでいるのだから、だいじょうぶ」と心から思っていたのです。

ところが、1か月たち、2か月たっても息子のようすはよくなるどころか、ますますエスカレートしてしまい、「クラスで体操があっても参加しようとせず、見ているだけでした」「歌をうたいたくないと言って、黙っていました」「ゲームに誘っても、参加しないと言って泣き出しました」という報告が続いたのです。わたしは、新しい経験を積めばこんなことはなくなると信じ、家庭でも絵本を読んだり、長男とごっこあそびをしたり、折り紙にチャレンジしたりと、新しいことをいっしょにしていました。しかし、末っ子は無条件のかわいさからか、自分の母性本能に負けて、「もういいよ。よくできたね」と抱きしめて、途中までしか導いてあげられなかったと今では思います。

リソースに誘われて

そんな中、担任の先生から、「午前中、リソースルームにどうですか?」というお話をいただきました。「何か発達の遅れがあるんですか?」と聞くと、先生からは「そんなことはないです」ということば。そのときのわたしは、心臓がドキドキ……

先生は何か説明をしてくださっていたのですが、話がまったく耳に入らないまま帰宅しました。「すぐにはお返事しなくていいですよ。よく考えて、もしよかったらですけど……」という先生のことばが頭の中をぐるぐる回っていました。運悪く、主人は海外出張中で留守でしたので、とりあえず、大阪の実家の母に電話をしました。「わたしの育てかたがまちがっていたんかなあ。甘やかしすぎたんかなあ……何か病気があるんやろか。これから集団生活やっていかれへんのやろか……どうしたらいい？」と、泣きながら話しました。こんなに不安な気持ちになったのは初めてで、上の2人を育ててきた自信が一気に崩れていきました。母はずっと話を聞いてくれ、最後にこう言いました。「リソースルームで個別に保育してもらえるんやったら、やってもらいなさいよ。同じ保育料で特別扱いしてもらえていいって思ったらどう？　この子が変わるんだったらどんなことでもいいからやってもらったらいいんとちがう？　問題は、あなたの母親としての変なプライドを捨てることと違うの？」。……わたしは返すことばがありませんでした。先生がたが子どものことを真剣に考えてくださってのことと、やっと納得することができたのです。

リソースルーム生活のスタート

その後、すぐにリソースルームに入れてほしいということを先生に伝え、わたしと息子のリソースルーム生活が始まりました。こんなに気持ちの中で七転八倒した

にもかかわらず、何か重い鎖をはずしたように軽い気持ちになれたのは不思議でした。なんでも良いほうに考える楽天的な性格のおかげで、「なんだか母親としてひとまわり成長したかも」と思えました。

毎朝9時ごろリソースルームに送ります。リソースの先生に「息子を頼みます！」と祈る気持ちでドアを開けます。「あらKくん。おはよう。今日はこれしようね」と笑顔で迎えてくださる先生の姿に励まされることもたびたびでした。初めての面談のとき、「Kくんは初めてはさみを持ったとき、手がぶるぶる震えていたのよ。でも今はしっかり持って切ることができます」「何をするか前もって予告しておくと混乱しないのよ」などと聞いて、少しずつですが、わが子が成長していく姿に感動しました。連絡ノートに「今日はミニゲームに参加できました」という一文を見たときは、思わず息子を抱きしめました。おおぜいの中では萎縮《いしゅく》して泣き出したり、口をつぐんでその場から動こうとしなかったりと、集団に入れない何かを持っていたK。じょうずにできないからやりたくないし、やっても失敗するのがいやだからと負けず嫌いの度を越えていたK。こうして個別にその子に合ったペースで進んでいくことができれば、息子の固まっていた心までも解かすことができるのだと思えました。

ベビーブーム世代でマンモス校で学校生活を送ったわたしには考えられなかった方法でしたが、年長になった今、「リソースは卒業ね」と言われても、参加したそうにしているわが子の姿を見て、あらためてリソースルームは息子の未来を明るくしてくれたたいせつなところだと実感しました。

1回で理解できる子もいれば、10回で理解する子もいる。ひとりひとりが同じではないし、きょうだいでも違う性格、個性を持っています。その個性が生かされるかどうかによってこれからが変わる気がします。息子もわたしもリソースルームに育ててもらって、ひとつ小さな山を登ることができました。しんぼう強く息子をはぐくんでくださった先生がたに感謝いたします。

第6章

園の外にもネットワークを

「気になる子」の支援の輪を
園の外にも広げていくために、
どんな機関とかかわればよいのでしょうか。
Q＆A形式により、
園の外へのアプローチ法を探ります。

執筆●澤井晴乃

保育者から広げるネットワーク

軽度発達障がいのある子どもとその保護者に、より適切な支援をと考えたとき、他機関との連携は欠かせません。ここでは、保育者ひとりの意識から始められる園と地域の専門・療育機関とのネットワーク作りについて考えてみましょう。なお、機関や職種の呼びかたは地域によって違いがあります。

まずは行動を起こそう

ネットワークというと行政が主導するものと考えがちですが、軽度発達障がいのある子どもとその保護者を支え・見守るネットワークがしっかりと整い、機能している地域は、まだまだ少ないようです。しかし、子どもの成長は待ったなし。ネットワークが整うまで待っていられないとしたら、どうしたらよいのでしょうか。

それは、「ないなら自分で作る」という発想の転換です。保育者自身が自分のネットワークを作るのです。難しく考えることはありません。次のポイントを参考にして、まずは自分で動くことから始めましょう。

ネットワーク作りのポイント

① 勉強会・研究会に参加しよう

軽度発達障がいのある子どもの保育・発達に関する勉強会・学習会・研修会は、どの地域でも必ず行われています。園に届く案内、保育雑誌のお知らせコーナー、地域の公共施設や役場のPRコーナーのパンフレット、インターネットの情報などを注意して見るようにし、興味のある内容の催しがあったら、積極的に参加しましょう。園に届く案内などは、園長や主任が選別してから各保育者に提示することもあり、直接目に触れないものもあるかもしれません。あらかじめ、園長、主任に「〇〇関連の学習会があったらぜひ参加したいので、案内が届いたら教えてください」とお願いしておくとよいでしょう。

②積極的なコミュニケーションを

勉強会などは、自分自身の知識や保育スキルを深める場であると同時に、人とのつながりを作る場になり、これがネットワーク作りのとてもたいせつな要素となります。会の中で、質疑応答などの時間が設けられていたら、勇気を持って発言し、抱えている悩みを発信しましょう。

また、軽度発達障がい関連の勉強会では保育者以外の参加者も多く、さまざまな機関のさまざまな職種の人と知り合える絶好のチャンス。講師や参加メンバーに積極的に話しかけ、個人どうしのつながり作りから始めてみましょう。

こんな機関&人（職種）とのつながりを

※地域によって呼びかたが違うことがあります。

- 発達健診機関
  (保健所・保健センター、小児科医院)
  医師、保健師、発達相談員（心理士、保育士など）
- 専門療育機関
  (小児病院、児童福祉施設、小児療育センター)
  医師、言語療法士（ST）、臨床心理士（CP）、作業療法士（OT）、医療ソーシャルワーカー（MSW）など
- 児童相談機関
  (教育相談所、児童相談所、家庭児童相談室)
  教育相談員、臨床心理士、児童福祉司
- 子育て支援センター
- 児童館、学童保育所、児童養護施設、女性相談センター
- その他、個人の発達相談所、個人塾、障がいのある子どもを持つ親の会、支援組織（NPO）など

③ できたつながりをだいじにしよう

話をする中で、自分が抱えている保育上の悩みや他機関と連携を持ちたいといった希望などを伝えましょう。そして、今後も連絡を取り合いたい相手には、「また相談させていただいていいですか?」「何かあればぜひ連絡してください」などと伝えて連絡先を交換し、次につなげていきましょう。

④ つながりを広げていこう

こうして知り合えた人は、互いに「連携したい」という思いが強く、相談し合う中で、2人から3人、3人から4人、5人……とつながりが広がります。「今度、わたしの知っている○○さんという療法士さんを紹介しますね」「その悩みについては、○○先生というお医者さんが詳しいから○○先生の学習会に行きましょう」というように、「類は友を呼ぶ」のです。

このつながりは、個人どうしのつながりなので、目に見える「形」としての、ネットワークではありません。しかし、お互いが必要と感じたときに必要な相手と連絡を取り、相談し合い、解決策を出し合うという、同じ「思い」でつながっている「役だつ」ネットワークです。そして、このネットワークは保育者どうしのネットワークと共鳴し合うことでより活用しやすく、心強いネットワークになります。

⑤ 行政を巻き込んだネットワーク作りを

ひとりひとりの保育者が個人のネットワークをしっかり作りながら、次はこうして作ったネットワークがより多くの人の目に入り、広く活用できるものにしていくよう、動いていくとよいでしょう。

行政機関（特に児童福祉主管課）、公立病院小児科、地域の大学の児童福祉研究室、親の会の県組織といった公的な色合いの強い組織と連携して、軽度発達障がいのある子どもと保護者にとってより安心で活用しやすく、子どもの生涯発達を見通し、かつ責任の所在が明確なネットワーク作りを目ざしましょう。

ただし、大きい=使い勝手がよいとは限りません。焦らず無理せず、保育者としての主体性を失わず、子どもの発達支援のために、ネットワークをうまく利用しましょう。

「思い」を形にするためには、まず、「動く」こと。動くことで「仲間」が生まれてきます。この仲間作りが「役だつ」ネットワークを支え続ける力になります。

こんなときどうしたらいい？園の外へのアプローチQ&A

園外の各専門機関がどのような相談を受けているのか、どういう場合にどの機関にアプローチしたらよいのか、わかりづらいようです。保育者が園外の機関と連携したいと思ういくつかのケースについて、考えられるアプローチ先とその後の対応などを説明します。

Q1 子どもに気になるようすが見られたとき

A 保健所の発達相談、地域巡回相談など

ようすが気になる子どもがいる場合、まずは数か月、しっかり子どものようすを見守り、個性をつかみつつ、周りにいる子どもたちとの行動の違いを記録します。そして、いろいろな保育場面において軽度発達障がいのある子どもの特徴と思われるような傾向がある場合には、保護者との関係に気を配りながら、地域の保健所、保健相談所の発達相談、子育て支援相談を勧めてみましょう。なお、すでに園とつながりのある機関（人）がある場合には、その機関に子どもを観察してもらい、子育て相談の機会を設定して、保護者に活用してもらってもよいでしょう。

保護者との信頼関係作りが難しく、また園での保育以外のかかわりが、子どもの発達にとって必要と判断される場合には、地域支援事業として行われている地域巡回の機会を利用するとよいでしょう。実際に巡回しているのは主に保健所、病院、施設の心理職です。また、施設によっては連携をつなぐコーディネーターがいて、その地域で活用できる相談機関を紹介してもらえることもあります。

いずれにせよ、保護者が園以外の相談の場、相談できる専門機関に、子どもの発達相談をすることが第一歩ですが、相談・療育機関によっては「軽度発達障がい」という視点ではなく「親のしつけ、育てかた」という見かたで保護者に対応したり、「ようすを見ましょう」と結論を先延ばしして、相談が一回で途切れてしまうこともあります。

したがって園では、その子どものできることを伸ばすかかわりとともに、保護者の理解を深める意味でも、軽度発達障がいを正しく理解したうえで対応できる機関、相談できる人との関係をできるだけ早い時期に作っておくことが必要でしょう。

Q2 診断のついた子が入園してくるとき
A その子どもが通っている相談機関・療育機関

診断名がはっきりしている子ども、「障害手帳」(「身体障害者手帳」「精神障害者福祉手帳」「療育手帳※」などがあり、提示することでさまざまな福祉サービスが受けられる)を持つ子どもの多くは、すでに地域の相談・療育機関に通っています。入園時、保護者に「今後、相談機関や療育機関に相談させていただくことが出てくると思うのですが」と、相談・療育機関と園は連携し合いたいという希望を伝え、保護者から了解を得ておきましょう。

また、入園後、園での取り組みの中で、地域の相談・療育機関とその子について検討したいと思った場合には、保護者に「よりよい保育のために相談をしたい」と伝え、必ず了解をとったうえで連絡を取り合いましょう。

なお、連絡をし、子どもの園でのようすを伝えても、相手によっては正しく理解してもらえなかったり、保護者が間に入ることで正確な情報が伝わりにくいこともあり、期待する対応が返ってこない場合があります。

必ず何回かやりとりをし、できれば直接話す機会、さらにお互いに見学し合う機会を作ることが望ましいでしょう。

Q3 就学について相談したいとき
A 子どもが通っている病院、療育機関と就学相談機関

就学については、まず、子どもの園でのようす、保護者の教育に関する考えかたや価値観、子どもへの期待感、地理的・経済的な通いやすさ、卒園児の就学状況など、さまざまな要素を総合的に見て、園の方針を出しておくべきです。そのうえで保護者と、子どもの発達にとってよりよい方向性を柔軟に考えていきましょう。しかし、保護者の教育に関する価値観が、子どもの発達レベルと極端に離れている場合もあるので、就学相談を担当している機関(教育相談室、教育相談所)への相談を保護者に勧めてみてもよいでしょう。

また、場合によっては保護者に普通学級、心身障がい学級、養護学校などの見学を勧め、実際に保護者の目で見たうえでの選択を勧めてもよいでしょう。

就学先の選択については、就学相談機関が専門ですが、子どもが療育機関に通っている場合、その子どもの担当療法士などと連絡を取るとよいでしょう。そして保育者は、地域の学校のようすをつかんだうえで、その状況を保護者に伝えますが、最終的には保護者の選択を尊重するようにしましょう。

※療育手帳…障害手帳の中でも主に軽度発達障がいに関連するのは「療育手帳」。障がいの程度によって段階があるが、知的な遅れが顕著でない軽度発達障がいの場合、申請しても取得が難しいのが実情。窓口である児童相談所に相談すると、さまざまな解決法が検討される。

Q4 加算配置（加配）について尋ねたいとき

A 市区町村の保育課、子どもが通っている病院・療育機関

入園前から、病院や相談機関へ通っていて診断名があり、「障害手帳」を持っている場合は、比較的加算配置の対象になりやすく、保護者の了解も得やすいものです。しかし、相談・療育機関へ通っていなくて、診断名がなく、また集団場面での困難さが周りから理解されにくい子どもの場合には、保護者の了解を得られないことも少なくありません。あらかじめ市区町村の保育課に子どものようすを伝え、「加算配置」の基準を満たす可能性について尋ねてみましょう。

加算配置の基準の設けかたや、柔軟性の幅、保育困難性への考慮の度合いはその自治体によって違います。また、その手続きも、Q1で挙げた保健所などの発達相談員が直接園のようすを確認して、進められることがあったりするので、事前に地域の病院や相談機関のソーシャルワーカーから、正確な情報を得ておくとよいでしょう。

そのうえで、加配がつくことで子どもが得られるメリットをていねいに時間をかけて保護者に伝え、了解を得る必要があります。

Q5 卒園した子どものアフターケアをしたいとき

A 保護者、入学した学校の担任、就学相談にかかわった相談員

卒園した子どものようすが気になる場合は、保護者の了承を得たうえで、入学した学校の担任教諭、就学相談にかかわった相談員、あるいは教育相談室の相談員に尋ねてみましょう。ただし、プライバシー（個人情報の秘密）の問題から、保護者の同意があっても回答を渋られることもあります。

このような場合は、保護者とともに学校を訪問しましょう。そして、保育記録に記入するために、小学校でのようすを知りたいということを説明します。在園時のようすを伝えたうえで、気になることとして挙げていた課題について、どんなようすかを具体的に尋ねましょう。もちろん、個人情報の秘密は守られるべきものですが、同時に園と小学校は、連携をとって子どもに適切な教育を保障する必要があります。自分の守備範囲を越えたところでもつながりを持ち、子どもを見守っていくことも、ネットワークのひとつです。

ここでは、軽度発達障がいのある子どもとその家族の支援団体をいくつか紹介します。
各ホームページにて、障がいについての解説、地域での相談機関やセミナー紹介など充実した情報が手に入ります。
このほかに親の会などが各地域で数多く活動しています。積極的にアプローチしていきましょう。

NPO法人　えじそんくらぶ

代表／高山恵子

ADHDの正しい理解の普及と、ADHDのある人々の支援を目ざす、日本最大の団体。ADHDを障がいとしてクローズアップするのではなく、豊かな個性のひとつとして、長所を伸ばし、弱点を克服できるように支援しています。

この分野で先端を行くアメリカからの最新情報の収集、情報の配信、セミナーの開催など、さまざまな活動を行っています。現在、えじそんくらぶの会は、全国14か所にあり、保護者をはじめ、会によっては、医師、児童相談所職員、教師、カウンセラー、学生なども参加し、成人のADHDやアスペルガー症候群まで含めたトピックについて勉強会を実施しています。

連絡先

事務局住所：〒358-0003 埼玉県入間市豊岡1-1-1-924
FAX：04-2962-8683
ホームページ：http://www.e-club.jp/
E-mail：info@e-club.jp

※各支部の連絡先（電話、ホームページアドレスなど）は、ホームページで見ることができます。なお、第2章60〜62ページで紹介したえじそんくらぶの書籍も、ホームページから注文できます。

NPO法人　アスペ・エルデの会

統括ディレクター／辻井正次
顧問／杉山登志郎・石川道子

アスペ・エルデの会は、軽度発達障がいのある人を支援する団体です。名称の由来はアスペルガー症候群からとった「アスペ」と、LD（学習障がい）からとった「エルデ」からきています。高機能自閉症やアスペルガー症候群、LDなどの軽度発達障がいのある人や、その家族を対象としています。

当初は、LDのある子どもの研究プロジェクトから出発し、現在は、当事者である保護者が運営の中心となって、専門家とパートナーシップを結ぶ地域発達支援システムへと形を変えてきています。現在、東海地区で10の親の会が正会員団体となっており、正規会員の保護者は、事務局や実行委員会のスタッフとして活動しています。研究活動をはじめ、専門家による個別発達プランの作成と支援、専門家の育成、情報誌や専門書籍の発行などを行っています。

連絡先

●

NPO法人　アスペ・エルデの会事務局
住所：〒452-0821　愛知県名古屋市西区上小田井2-187
メゾンドボヌー201
ホームページ：http://www.as-japan.jp/j/index.html
E-mail：info-k@as-japan.jp

※各支部の連絡先（電話、ホームページアドレスなど）は、ホームページで見ることができます。

社団法人　日本自閉症協会

会長／石井哲夫

日本自閉症協会は、自閉症のある人に対する支援・育成を行うとともに、自閉症に関する社会一般への知識の普及を図り、それによって自閉症のある人の福祉の増進を目ざしています。

その前身は、昭和42年から活動を始めた『自閉症児者親の会全国協議会』で、平成元年に現在の社団法人の認可を受けました。全国に49か所の支部があり、自閉症のある人やその保護者を中心に、専門家・ボランティアによって運営されています。

調査・研究、機関紙の発行や、療育キャンプ、本部事務局での専門家による電話・面談相談(予約制)、専門家によるセミナーなどを行っています。

連絡先

●

社団法人　日本自閉症協会事務局
住所：〒104-0044　東京都中央区明石町6-22 ダヴィンチ築地2 6F
TEL：03-3545-3380　FAX：03-3545-3381
相談専用TEL：03-3545-3382
ホームページ：http://www.autism.or.jp
E-mail：asj@mub.biglobe.ne.jp

※各支部の連絡先（電話、ホームページアドレスなど）は、ホームページで見ることができます。

社団法人　精神発達障害指導教育協会

（略称・発達協会）

理事長／上出弘之

発達にハンディキャップのある人たちの、さまざまな形での自立を促すことを目的として設立された社団法人です。ひとりひとりにある多様なハンディキャップの重みを少しでも軽減したい、そして持てる力を十分に発揮してもらいたいという願いを持って活動しています。

主に、乳幼児からの療育事業（クリニックの主治医と連携しながら、療育・指導・言語訓練・各種相談を行う。指導の内容は、身辺自立のほか、運動・認知・言語・作業・社会性の課題など）、広報・普及事業（月刊『発達教育』の発行、各種セミナーや講座の開催）、医療事業（保険診療・健康診断・各種検査など）などを行っています。

連絡先

住所：〒115-0044　東京都北区赤羽南2-10-20

TEL：03-3903-3800　FAX：03-3903-3836

ホームページ：http://www.hattatsu.or.jp/

あとがき

いつも思うのです。「普通」であることの価値ってなんだろう……。実際のところ「普通」なんて、あるようでないような気がしています。みんな自分が「普通」だと思って生きているのではないでしょうか。だから、自分と違う人を「普通じゃない」と思ったり。ひとりとして同じ人はこの世にはいないはず。「みんな違っていいんだよ」それがあたりまえ。そう頭で思いながらも、人に対して偏見を持つ。それが人間の不完全さなのでしょうか。

世の中に「障がい」とか「ハンディキャップ」ということばや考えかたがあるけれど、これはいったいどういうものなのでしょうか。「普通じゃない」「問題」ということなのでしょうか。決してそんなことはないでしょう。でもそう言いながら、多くの人がそう思っているのが世の中です。ほんとうに悲しいことです。

ある人がこんなことをおっしゃいました。

「障がいとは、理解と支援を必要とする個性である。個性だからこそ尊重されるべきものである」

わたしはとっても感動しました。

わざわざ「障がい」ということばを使う必要はないと思っていますが、「障がい」ということばを避けるのも、偏見の表れかなとも思ったりしています。わたしにとってそのことばは、特別なものでもなんでもありません（個人的には「害」という字が当てられていることに納得していませんが）。でも、世の一般的な価値観に配慮するなら、前述のように「個性」と呼んだほうが偏見を避けられるのでしょうね。ことばにとらわれないで、もっと自然に、いろいろな個性をあたりまえに感じられる世の中が来ればいいといつも思っています。

そんな思いにさせてくれたのが、「障がい」のある子どもたちでした。彼らの存在は偉大です。何十年も生きていた大人の価値観をひっくり返したのですから。そして、彼らが、すべての子どもに対する受容の精神と、個別的配慮の必要性と、対応のしかたをわたしたちに教えてくれたのです。ほんとうにすばらしいことです。

このたび、このような形で彼らから学んだことを世の中に発信できるということは、わたしたちにとって大きな喜びです。わたしたちの「師」である子どもたちに感謝いたします。同時に、彼らをとおしてわたしたちに指導協力してくださった、さまざまなかたにも感謝いたします。そして、ひとりでも多くの読者の皆さまの参考となれば幸いです。また、このような機会をくださった、岡田さんをはじめとする学研の皆さま、ライターの小林さん、ご指導くださった田中先生、高山先生、ほんとうにありがとうございました。

わかくさ保育園　主任保育士　**影山竜子**

わたしたちは、8年前にひとりの自閉症のあるお子さんと出会いました。このお子さんとの出会いが、わたしたちにたくさんの気づきと、さまざまなかたとの出会いを与えてくれました。

今回、この本の執筆に参加させていただけたことを、学研ラポム編集部の皆さま、田中先生、高山先生に感謝します。皆さまのお力に助けていただいて、わたしたちのつたない保育への思いをことばにすることができました。同時に、わたしたちが出会ってきた子どもたちすべてに、感謝の気持ちを表したいと思っています。なぜなら、彼らとの出会いがなければ、わたしたちは何も気づかずにいたままで、この本も生まれなかったと思うからです。

人はだれでも、自分を受け入れ、理解してもらえたとき、すなおな気持ちになったり、うれしい気持ちになったり、勇気づけられたりします。

「あなたはとてもたいせつだよ。かけがえのない存在だよ」と、あなたの大好きな人から言われたなら、元気と自信にあふれてくるのではないでしょうか。これは、障がいがある人もない人も同じだと思います。

わたしたちはだれもが、かけがえのないひとりとして、この世界に存在しています。それは、能力があるとか、ないとかいうことではなく、存在しているということがどんなにかけがえのないことかということを意味しています。そして、このことは、生きる力の源になるものだろうと思うのです。この生きる力の源となるものを共有して生きていくことができたらと思っています。

この本が少しでも、皆さまのお役にたつことができたら、うれしく思います。皆さまが出会う子どもたちは、ひとりひとりが違っていて、その対応方法もひとつひとつ違ってきます。心の窓を開いて、子どもたちとのすばらしい出会いと気づきが得られますように！

わかくさ保育園　リソースルーム担当保育士　**鎌田なおみ**

監修者・執筆者　プロフィール

監修●田中康雄

北海道大学大学院 教育学研究科 教育臨床講座教授。児童精神科医。
獨協医科大学医学部卒業後、旭川医科大学精神科神経科医局入局。同病院外来医長、北海道立緑ヶ丘病院医長、同病院児童部門担当を経て、国立精神・神経センター精神保健研究所児童・思春期精神保健部児童期精神保健研究室長に。2004年4月より現職。専門は児童・思春期精神医学。地域や現場に積極的に足を運び、他職種と手を携えて、日夜子どもをめぐる問題に取り組んでいる。

●高山恵子

NPO法人　えじそんくらぶ代表。臨床心理士。
昭和大学薬学部卒業後、10年間学習塾を経営。その後アメリカトリニティー大学大学院修士課程修了（幼児・児童教育専攻)、同大学院カウンセリング修士課程修了。児童養護施設、保健所、養護学校で臨床に携わる。専門はAD/HD児・者の教育とカウンセリング。PTAや教師、保育者を対象としたセミナー講師としても活躍中。

わかくさ保育園（東京都・昭島市）●影山竜子（主任保育士）鎌田なおみ（リソースルーム担当保育士）

昭和31年に開園。園が、子どもにとってもうひとつの家であり、保育者がもうひとりのお父さん・お母さんのような存在となることを目標とした保育を実践。自主的個別保育・たてわり混合保育・個別支援教育（リソースルーム）などに取り組み、「子どもひとりひとりをたいせつにする保育」を日々熱心に模索している。

●澤井晴乃

高崎福祉専門学校専任講師。高崎保育専門学校非常勤講師。西多摩地区保育連合会研修講師。

中央大学文学部哲学科教育学専攻卒業。東京都福祉局品川児童相談所、昭島児童学園、特別区人事・厚生事務組合、労働経済局で心理指導（心理判定・職業適性相談・発達相談）の業務に従事。2002年より現職。また、保育園・幼稚園に出向き、気になる子どもの発達相談を行う。

取材・アンケートにご協力いただいた皆さま

取材協力

松岡清子（社会福祉法人鶴風会　東京小児療育病院）

原國優子（日本リハビリテーション専門学校）

アンケート協力

LD（学習障害）親の会「けやき」

ホームページ：http://www.ne.jp/asahi/hp/keyaki/

自閉症と発達障害児へのサポートグループ
NPO法人 おひさまクラブ

ホームページ：http://homepage3.nifty.com/ohisama/

社団法人日本自閉症協会愛知県支部
つぼみの会

ホームページ：http://homepage2.nifty.com/tubomi-aichi-autism/

NPO法人 えじそんくらぶ

（詳しくは228ページ参照）

『幼児の指導　ラポム』（学習研究社）　読者100名

staff

編集制作／小林留美

●

デザイン／長谷川由美・千葉匠子（オンサイド）

●

表紙・扉人形制作／出石直子

●

表紙・扉撮影／上田知枝

●

本文（第5章）撮影／山下雅美

●

本文イラスト／青山京子　上田惣子　すみもとななみ（SPICE）　町塚かおり

●

校閲／佐々木智子